Judith Kauffmann

Der Saumagen

Judith Kauffmann

Der Saumagen

Entdeckungsreise ins Innere
eines Pfälzer Küchenklassikers

PLÖGER

Die Bibliografische Information Der Deutschen Bibliothek:

Die Deutsche Bibliothek verzeichnet diese Publikation in der
Deutschen Nationalbibliografie; detaillierte bibliografische
Daten sind im Internet über <http://dnb.ddb.de> abrufbar.

Die Rezepte und ihre Copyrights stammen von den
    Metzgereien, Weinstuben und jeweiligen Restaurants.

Die Fotos und ihre Copyrights stammen (fast alle) von:
    Faber & Partner Fotografie, 40476 Düsseldorf

Die Texte schrieb und recherchierte:
    Judith Kauffmann, 67346 Speyer

Das Korrektorat betreute:
    Ilse-Maria Harth, 53604 Bad Honnef

Den Titelentwurf und die Konzeption fertigte:
    Gerd Meussen, 45130 Essen

Die Herausgabe übernahm Detlev Janik,
    Pfalzmarketing e.V., 67433 Neustadt

Der Verlag und die Gesamtherstellung:
    Plöger Medien GmbH, 76855 Annweiler

ISBN 3-89857-204-8

www.der-saumagen.de
www.ploeger-medien.de

Inhalt

Judiths
Saumagen-Prolog…

„Der Magen der Sau
Das Herz einer Frau
Der Inhalt der Worscht
Bleiben ewig unerforscht"

... sagt der Pfälzer Volksmund in Gestalt meines guten Freundes Fridolin. Lassen wir Frauenherzen und „Worscht-füllsel" beiseite, aber warum sollten wir das Rätsel Saumagen nicht endlich lüften? Sicher: Die Begeisterung, die wir Pfälzer für dieses Gericht aufbringen, verhält sich umgekehrt proportional zum Befremden, das allein der Begriff Saumagen bei Fremden auslöst. Was schwingt mit bei diesem Befremden? Unterstellt man uns, wir würden den Magen der Sau aufessen – mitsamt all dem, was die gefressen hat? Was für ein Bild vom Pfälzer, von der Pfälzerin, bitteschön, hat man da, welche Fantasien werden da genährt? Rohheit, Gefräßigkeit, Unmäßigkeit – kurz: Das, was man einer Sau unterstellen mag.

Darum nun Klartext: Jawohl, es handelt sich um den Magen der Sau, der sorgfältigst und langwierigst gereinigt, prall gefüllt wird mit verschiedenen Ingredienzien untadeliger Herkunft! Er ist ein saftiges, fleischiges Versprechen, eine schlichte Hülle mit köstlichem Inhalt, eben das Leibgericht der Pfälzer, wenn's denn ein guter Saumagen ist. Es ist an der Zeit offen zu legen, was drin ist im Saumagen und was ihn so einzig unter den deutschen Regionalgerichten macht.

In diesem Buch finden Sie, liebe Leserin, lieber Leser, Aufklärung zum Saumagen, Tipps und Tricks für die Zubereitung, Rezepte von ausgewählten Saumagenprofis aus der Pfälzer Metzgerzunft, bewährte Rezepte aus der Privatküche, Saumagen-Empfehlungen aus Weinstuben

und Gasthäusern und all das, was Spitzenköchen der Pfalz zu dieser Spezialität einfällt.

 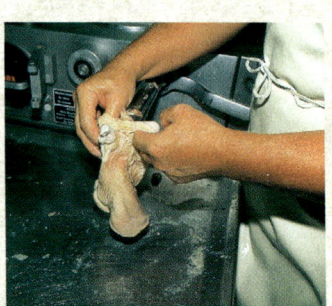  

Kein Saumagen ohne Sau.
Womit die sich zu Lebzeiten
den Magen gefüllt hat, daran erin-

nere ich mich aus Kindertagen: Bei den Schwanheimer Großeltern ist gleich neben Misthaufen und Kuhstall immer ein Schwein großgezogen worden. Es hat den von der kleinen Judith mit Begeisterung zusammengemanschten Brei aus gekochten „Grumbeere" (Kartoffeln) und Kleie laut schmatzend gefressen, ist dabei gut gediehen, und die kleine Judith hat es akzeptieren können, dass die jeweilige Sau irgendwann mal geschlachtet worden ist. Das letzte Quieken zu hören, war nicht schön. Aber: Es war nur kurz, der Hausmetzger hat schnell und gut gearbeitet. Dann kamen all die Arbeitsgänge, die sich heute in der Anonymität von Schlachthöfen ereignen: das Abbrühen, das Zerteilen, je nach Nutzung der einzelnen Teile; das

Schlachtfest war mir tatsächlich ein Fest. Dabei setzte oft der Saumagen den Schlusspunkt: Wenn der Schinken gepökelt, das Wellfleisch gekocht, die Würste gemacht waren, dann füllte man in den Magen die Reste – vom Fleisch, vom Wurstbrät, und dazu reichlich Kartoffeln. So gefüllt und gesiedet tischte man ihn auf als Nachtessen am Schlachtfest-Tag. Er sah prächtig aus, duftete wundervoll aromatisch und schmeckte so unvergleichlich, weil Kartoffeln, Fleisch, Brät und Gewürze beim langsamen Garen eine innige Verbindung eingingen.

Das war so, das ist so, und so wurde
der Saumagen nach und nach
zu dem Pfälzer Leibgericht.

Wer hat ihn erfunden? Es blieb nicht unerforscht, aber es bleibt ungewiss. Der älteste Hinweis führt nach Bockenheim, ans nördliche Ende der Deutschen Weinstraße. Das Kochbuch eines Bockenheimers namens Johannes Herbodi ist überliefert, er hat es immerhin im 15. Jahrhundert zum Küchenchef bei Papst Martin V. gebracht. Im Kochbuch des päpstlichen Küchenchefs findet sich die Anleitung „Sic preparata stomachum porci" (Wie man einen Saumagen bereitet). Nämlich so: **„Man nehme ihn (den Saumagen), reinige ihn gut mit Salz und Wasser, danach nehme man caseum gratatum (Käse), Petersilie, Majoran und verwandte Gewürze und fülle ihn damit. Anschließend nehme man harte Eier, in entsprechender Menge Safran, Essig und Gewürze, fülle dies darüber und verschließe ihn gut. Den Italienern schmeckt es."** Mag ja sein. Doch diesem ersten, historisch verbürgten Saumagen (dessen Rezept übrigens Mannheimer Geschichtsstudenten als Übersetzungsübung vorgesetzt wurde) fehlt die eine Ingredienz, die den Saumagen erst zum Pfälzer Leibgericht macht. Die „Grumbeer" oder Kartoffel! Sie kam erst im 17. Jahrhundert von der Neuen Welt in die Pfalz. Und eroberte nach und nach in der Pfälzer Küche den Platz in der ersten Reihe der ganz und gar unentbehrlichen Lebensmittel –

viel geliebt und oft gegessen. Wer sonst nichts hatte, konnte ein paar Kartoffeln pflanzen und sich so ernähren. Und wer weniger als nichts hatte, ging auf den Feldern „Grumbeere stoppeln", auch so wurde man satt. Die Kartoffel blieb Hauptnahrungsmittel der Pfälzer und brachte den Vorderpfälzer Bauern auch einigen Geschäftserfolg: In der Rheinebene rund um Frankenthal, Ludwigshafen und Speyer, reifen die frühesten der Frühkartoffeln in Deutschland. Doch die Kenner wissen: Das eigentliche Kartoffel-Land ist der Westrich, und da besonders die Sickinger Höhe. Dort, zwischen Landstuhl und Zweibrücken, ist die „Grumbeer" besonders schmackhaft, ist das Verhältnis der Menschen zu ihr besonders eng. Und so glaube ich meinem Zweibrücker Gewährsmann, dem Metzger Heiner Grim (mit einem m), der zur Saumagen-Herkunft schlicht feststellt: „Die Voderpälzer hänge sich's Streißje um (hochdeutsch: schmücken sich damit), awwer de Saumache kummt vum Westrich!" Und woher er das wisse? „Ei die Baure hann's mer gesaat. Des is so, vun jeher!" (Das Saumagenrezept von Metzger Grim auf Seite 38.) Ja, wenn das so ist, wozu

dann weiter rätseln. Allerdings: Zur Berühmtheit kam der Saumagen in der Vorder-, der Weinpfalz.

Zuallererst wegen der Weinlage Kallstadter Saumagen. Sie hatte die typische Saumagenform, der Wein aus der Lage ist kräftig und alkoholreich, er kann's aufnehmen mit Speisen vom Saumagen-Kaliber. Die Wirtsfamilie Henninger in Kallstadt war (und ist) neben den Hahns in Deidesheim wohl am eifrigsten und am erfolgreichsten in Sachen Saumagen-Verbreitung. Dann kam Kohl. Und mit ihm der Saumagen-Weltruhm. Keine Frage: 16 Jahre Saumagen-Präsenz beim Verköstigen von hohen und höchsten Staatsgästen bleiben nicht ohne Folgen. Helmut Kohl hat als Bundeskanzler dem Saumagen weltweite Aufmerksamkeit beschert und davon profitierte vor allem Deidesheim, das Weinstädtchen, in das Kohl so oft zu Tische bat (siehe: Deidesheimer Hof Seite 94). Als Kohls Regierungszeit endete, bedeutete das für Kohls bevorzugten Saumagen-Lieferanten, Metzger Hambel in Wachenheim (s. Seite 41) kurzfristig einen Geschäftsrückgang von etwa 20 Prozent. Doch der Umsatz stabilisierte sich wieder, und man findet

nach wie vor den Saumagen auf den Speisekarten der Wirtschaften und Weinstuben der Pfalz.

Übrigens nicht nur in der Pfalz, auch in der Hauptstadt Berlin: In den „Kurpfalz-Wein-

stuben" beispielsweise (Stadtteil Charlottenburg, Wilmersdorfer Straße 93, 10629 Berlin, Telefon 030-8836664) bietet Wirt Rainer Schulz einen Saumagen an, dessen Rezeptur er selbst entwickelt hat – beraten von Spitzenkoch Wolfgang Dubs (Rôtisserie Dubs in Worms-Rheindürkheim). Bis 2005 mindestens, verspricht Rainer Schulz, werde es die Kurpfalz-Weinstuben und den Saumagen dort geben, denn dann feiert das Lokal 70-jähriges Bestehen. Den Kurpfälzer Saumagen in Berlin haben schon viele Pfälzer mit Genuss gegessen, und er mundet auch Auswärtigen. Weinkenner Stuart Pigott lobte den Saumagen dort als „reichhaltig und würzig. Das Schweinefett gibt den Kartoffelstücken, mit denen die saftige Masse durchzogen ist, einen wunderbaren Geschmack. Dazu noch ein Glas Riesling Kabinett trocken aus der Lage Kallstadter Saumagen (...) die Kohl-Ära mag zu Ende sein, die des Saumagens fängt erst richtig an." (Süddeutsche Zeitung, Magazin 1998). Gut gesprochen!

Kohl allerdings hat das Bild vom Saumagenesser geprägt. Der ZDF-Fernsehjournalist

Dr. Wolfgang Herles (ZDF) formulierte das so: „Kohls Appetit entspricht dem gesunden Volksempfinden. Als erfolgreicher Hungerkünstler würde er zur Jammergestalt. Die Saumagenvertilger besitzen keine subtile Zunge, die letzte Feinheiten aufspürt. Ihr Utopia ist dem Schlaraffenland benachbart. Das enthemmte Schlemmen ist Belohnung und Arbeit zugleich." So steht's in Herles Buch „Das Saumagen-Syndrom" (Kindler, 1994, S. 107). Nichts dagegen zu sagen, dass Schlemmen auch Arbeit sein kann – aber Einspruch, verehrter Kollege, was den unterstellten Mangel einer feinen Zunge betrifft: Die Rezepte in diesem Buch treten den Gegenbeweis an mit ihren sehr subtilen Variationen. Echte Saumagenfreunde schmecken dem Hauch Ingwer oder Kardamom oder Koriander in der Füllung nach und streiten, ob Zwiebelchen sein müssen, ob Karotten sein dürfen oder nicht. Und der Saumagen-Liebhaber muss nicht zwangsläufig ein Gourmand, ein Vielfraß sein. Es gibt den Saumagen durchaus auch in zierlich: Als Saumagentaler bei Hambels in Wachenheim, als Carpaccio in diversen Restaurants wie auch bei Metzger Süss in Weisenheim am Sand (Seite 34), und vor allem als köstliches Saumagen-Würstchen und Amuse bouche in der „Krone" in Herxheim-Hayna (Saumagen-Rezept von Spitzenkoch Karl-Emil Kuntz auf Seite 62).

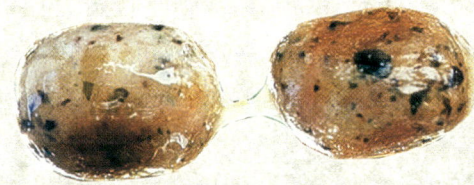

Der Saumagen also lebt.

Und dennoch moniert mein

Pfälzer Leib- und Magenfreund

Fridolin: Der Saumagen sei heute ja eigentlich Fastfood. Es gäbe ihn nur noch scheibchenweise in der Pfanne gebraten. Wer heut einen Fremden frage: „Na, wie fanden Sie so den Pfälzer Saumagen?", der bekäm wohl die Antwort: „Flach!" Das wär' doch traurig.

Fridolin hat Recht. Der Saumagen hat rund zu sein, na ja, nicht kugelrund, eher so länglich-rund, saumagen-

förmig eben! Dick, prall, in siedendem Wasser lange und behutsam gegart, mit Butter überglänzt und schließlich goldbraun, dampfend und vor allem ganz und gar aufge-tischt.

Dazu unbedingt Sauerkraut, vielleicht auch Kartoffelbrei, ein fruchtiger Riesling und die liebsten Menschen, die man kennt: Das ist die ideale Art, Saumagen zu essen.

Saumagen

in den Privatküchen:

Die Vorstellung, zu so einer Tafel einzuladen, gefällt Ihnen? Gut. Dann beginnen wir. Und zwar

mit dem Anfang. Ein Saumagen muss her. Woher nehmen? Sie fragen den Metzger Ihres Vertrauens. In meinem Fall ist das Richard Göck in Speyer, er steht für die 4. Generation der Göcks im Fleischerhandwerk, seit 1890 gibt es die Metzgerei. Der junge Metzger ist kein bisschen beleidigt, wenn die Kundschaft sich mal selbst ans Saumagenfüllen machen will. Und gibt geduldig Antwort auf alle Fragen:

Wie lange zuvor muss ich den leeren Magen bestellen?

Ein bis zwei Tage genügen.

In welchen Größen gibt's ihn?

Vom Spanferkelmagen, in den etwa anderthalb Pfund Füllung rein passen, bis zum Magen der ausgewachsenen Sau – fünf bis sieben Pfund Füllungsvermögen. Der ist leichter zu handhaben, weil er einfach dicker, stabiler ist.

Gibt's eine Standard-Füllmenge?

Wie gesagt: Ein Saumagen ist ein Naturprodukt. Deswegen variiert die Größe. Aber mit zwei bis zweieinhalb Kilo Füllung insgesamt sind Sie auf der sicheren Seite. Wenn's zu wenig Füllung ist:

den Saumagen etwas knapper abbinden. Wenn's zu viel ist, die restliche Füllung einfrieren oder wie Frikadellen braten.

Für wie viele Leute reicht ein Magen?

Auch das variiert. Ist viel Fleisch in der Füllung, sättigt er besser. Ein Magen mit fünf Pfund Füllung reicht für etwa sechs Leute. Allerdings: Man kann die Reste, die übrigen Scheiben, ja auch prima ein zweites Mal servieren, in der Pfanne in Butter gebraten. Deswegen im Zweifel etwas großzügiger rechnen.

Was kostet ein leerer Magen?

Ungefähr 2.50 €.

Wie wird er vorbereitet?

Geleert, gründlich gereinigt, in Salz gelegt, noch einmal gereinigt, die Fettschicht am Magen entfernt. Das macht der Metzger für Sie. Sie sollten vor dem Füllen noch einmal gründlich wässern.

Halt: Wie kommt man ins Innere des Magens?

Man wendet den Magen.

Wie?

Ganz einfach. Man schneidet ihn auf.

Ach!

Ja. Der Magen der Sau hat zwei Öffnungen – den Zugang von der Speiseröhre und

den Abgang zum Dünndarm. Beide sind nicht
groß genug, um ans Innere des Magens
zu kommen. Deswegen macht der Metzger
einen Schnitt, eine dritte Öffnung also,
durch die man dann das Innere
des Magens nach außen wenden kann.

Man füllt den Saumagen verkehrtrum?

Ja.

Und läuft die Füllung nicht später aus dem Schnitt raus?

*(Mein Metzger seufzt auf.
Klingt es ein bisschen gequält?)
Da läuft nichts raus.*

**Weil Sie alle drei Öffnungen, die beiden ursprünglich
vorhandenen und die dritte zubinden?
Mit diesem schönen rot-weißen Küchengarn?
Wo krieg ich das her?**

*(Mein Metzger seufzt noch mal).
Unseres ist weiß – darf's das auch sein?
Na gut! Ich geb's Ihnen mit,
wenn Sie den Magen holen!*

Gesagt – getan: Drei Tage später. Ich hole den Magen.
Und das Fleisch für die Füllung? Kaufe ich auch gleich
dort. Der Metzger meines Vertrauens bezieht es beim
Bauern seines Vertrauens. Das sollte in der Saumagen-
Küche selbstverständlich sein: Die Sau muss es gut
gehabt haben, bevor sie geschlachtet wurde. Richard Göck
gibt mir netterweise noch das hauseigene Rezept der

Familie mit, von Vater Otto Göck
kreiert. Probier' ich sicher auch
mal aus, aber heute nicht.

Zuhause. Da liegt er vor mir, der Saumagen. Kein schöner Anblick. Weiß-gräulich, schlaff,

nicht wirklich appetitlich. Und vor allem so leblos. Ich denke an die Sau, die sich diesen Magen Tag für Tag voll geschlagen hat. Und will mehr wissen. Matthias Schwarz, Tierarzt in Speyer und Fleischbeschauer auf dem Mannheimer Schlachthof, klärt mich auf: Die Sau habe einen einhöhligen Magen, wie Mensch und Pferd auch. Er bestehe aus verschiedenen Schichten: Außen die Serosa, das Bauchfell, darunter die Muskelschicht des Magens und darunter dann die Schleimhaut. Am Magen hängt als Fortsetzung des Bauchfells das Schweinenetz. Das lasse sich gut verwenden, um Gerichte beim Garen zu umhüllen. In der Tat werde der Magen umgestülpt zum Reinigen. Er habe zwei natürliche Zu-, bzw. Ausgänge, den von der Speiseröhre und den zum Dünndarm. Dazu den Schnitt,

den der Schlachter zum Wenden mache. Der Schweinemagen sei robust, kein Wunder, schließlich ist das Tier ein Fast-Alles-Fresser. Schlachtschweine aus guter Haltung seien blitzsauber, mit weißen Borsten, rosiger Haut. Und

er, der Veterinär, esse ausgesprochen gern gutes Schweinefleisch und besonders gern Saumagen.

Zurück in meiner Küche.

Der Magen, vorher vom Metzger in Salz eingelegt, ist gründlich

gewässert, in lauwarmem Wasser, so etwa zwei Stunden. Herr Preuss hat meine Messer frisch geschärft (auch sehr teure Messer müssen ab und zu wieder scharf geschliffen werden, und seit es keine fahrenden Scherenschleifer mehr gibt, wendet man sich am besten an den Profi im Stahlwaren- und Messer-Fachgeschäft, denn richtig scharfe Messer erhöhen den Spaß am Arbeiten in der Küche um ein Vielfaches).

Ein Berg von Zutaten liegt vor mir: Jetzt geht's los. Ich habe die Qual der Wahl unter lauter bewährten Rezepten von Saumagen-Köchinnen und Köchen – und denen von Metzgern ja auch. Ich greife zum Allerersten, das ich einmal ausprobiert habe. Es ist – das muss nun aber unbedingt unter uns bleiben: Ein elsässisches. Ja, wie man in alten Pfälzer Rezeptbüchern auch das Rezept für den im Elsass so verbreiteten „Bäckeofe" findet, so kennen umgekehrt die Elsässer den „Gfillte Söymage". Er enthält reichlich Kartoffeln, aber auch bestes Fleisch, kommt ganz ohne Wurstbrät aus, neigt etwas zur Bröckeligkeit beim Aufschneiden, ist aber sehr gut. Und so wird er gemacht:

Judiths pfälzisch-elsässischer Saumagen

Zutaten:

1 mittelgroßer Schweinemagen,
   gut gereinigt und gewässert

800 g fest kochende Kartoffeln (ungeschält gewogen)

4 mittelgroße Zwiebeln

1 Stange Lauch

2 Frauenhände voll frischgehackte Petersilie

1 Kinderhand voll frischen Majoran
   (oder 10 g getrockneten Majoran)

3 Eier

500 g Schweinehals

250 g Schweinebauch

1 Schweinelende (etwa 500 g schwer)

   Gewürze:
   Pfeffer, Salz, Muskat

1 Löffelspitze Piment

1 schönes Stück Butter

Zubereitung:

1. Geschälte Kartoffeln in kleine Würfel schneiden, in kochendem Wasser drei Minuten blanchieren.

2. Zwiebel hacken, in großer Pfanne in reichlich Butter anschwitzen.

3. Gut abgetropfte blanchierte Kartoffeln dazugeben, durchrösten, etwa 10 min. lang (Kartoffeln dürfen nicht zerfallen).

4. Den Schweinehals durch die feine Scheibe des Fleischwolfs oder der Küchenmaschine treiben, falls Sie ihn nicht schon fertig gemahlen gekauft haben.

5. Ebenso mit dem Schweinebauch verfahren (wer's magerer mag, nimmt nur Schweinehals, aber dann wird der Magen ein bisschen trocken).

6. Schweinelende in kleine Würfel schneiden.

7. Fleisch vermischen. Die (abgekühlten) Zwiebeln, die Kartoffelwürfelchen, den kleingeschnittenen Lauch, Petersilie und Majoran zufügen, die verquirlten Eier ebenso.

8. Dann mit Pfeffer, Salz nach Geschmack, reichlich Muskat und wenig Piment (eine Messerspitze) würzen, gründlich vermengen. Abschmecken.

9. Diese Füllung Löffel für Löffel in die große Öffnung des Magens geben, gut nachdrücken, damit keine Luftlöcher im Magen bleiben. Dann den nun ziemlich großen, prall gefüllten Magen verschließen.

Entweder Sie schnüren mit Metzgerkordel die Öffnung ab oder Sie nähen mit ein paar Stichen die Öffnung zu. Man kann den Magen nun noch ein paar Mal mit einer dünnen Nadel einstechen, um das Platzen zu verhindern. Oder aber man lässt quasi als Ventil, die kleinste Öffnung des Magens offen, wie es Metzger Ofiara und Winzerin Krieger empfehlen. Ich verzichte auf beides, aber ich achte genau auf die Kochtemperatur: Behutsames und gleichmäßiges Pochieren ist die wichtigste Vorsichtsmaßnahme, um ein Platzen des Saumagens zu verhindern. Ich gebe den Magen in einen großen Topf mit reichlich Wasser und lasse ihn bei 80 Grad in dreieinhalb Stunden garen (zur Temperaturkontrolle Fettthermometer oder Braten-thermometer in Flüssigkeit geben, ich klemm' das Thermo-meter mit dem halb aufliegenden Deckel des Topfes fest). Um zu verhindern, dass der Saumagen auf dem Topf-boden ansetzt, kann man ihn in ein Küchentuch ein-schlagen und am Kochlöffelstil festgebunden ins Wasser hängen. Oder aber gelegentlich im Topf bewegen.

Gar ist der Saumagen nach (mindestens) drei Stunden, er darf auch länger pochiert werden (Winzerin Krieger lässt ihn fünf Stunden im Topf). Den Garzeitpunkt kann man mit dem Fleischthermometer messen: Die Kerntemperatur (mitten im Saumagen also) muss 65 Grad erreicht haben. Aber Vorsicht: Wenn Sie das Fleischthermometer in den Magen stecken, lassen Sie's am besten gleich drin. Denn beim Rausziehen sprudelt der würzige Fleischsaft in den Kochsud. Es wäre schade drum! Ein anderer Gar-Test aus der Trickkiste der Metzger: Klaus Hambel hält einen Finger an die rechte Saumagen-Seite, klopft mit dem anderen auf die andere Seite: „Wenn man das Echo des Klopfens spürt, ist er gar." Aha!

Den gegarten Saumagen kurz ruhen lassen, man kann ihn auch in einer Pfanne mit goldgelber Butter nochmal eine halbe Stunde von allen Seiten überglänzen. So viel Geduld habe ich nicht: Ich bringe das Prunkstück an den Tisch, dann wird es aufgeschnitten: welche Pracht! Dabei einen kleinen Sicherheitsabstand zum nächsten Esser hal-ten: Es kann einiges an Jus, an Fleischsaft fließen. Zwei Scheiben Saumagen pro Person sollten's schon sein, dazu serviere ich Sauerkraut, Brot und/oder Kartoffelpüree.

Um beides zuzubereiten, habe ich reichlich Zeit, während der Saumagen im Kochsud liegt.

Für den Kartoffelbrei nehme ich pro Person zwei bis drei Kartoffeln, die werden geschält, grob würfelig geschnitten und wie Salzkartoffeln gekocht. Dann Wasser abgießen. Durch die „Flotte Lotte" geben. Mit ca. ¼ Liter heißer Milch pro Portion und einem guten Stück Butter glatt rühren, dazu Salz, Pfeffer und Muskat. Wer mag, auf's Püree in Butter geschmelzte Zwiebelwürfelchen geben.

Und für das Kraut rechne ich mit 200 Gramm pro Person. Das frische Kraut wird, wenn's recht sauer ist, in heißem Wasser „gewaschen", ausgedrückt und in geschmelzte Butter gegeben, mit Brühe und Wein aufgegossen, mit etwas Lorbeer, ein paar Wacholderbeeren und Pfefferkörnern gewürzt, mit geriebenem Apfel sämig gemacht und so gut eine Stunde durchgekocht.

Im Sommer tische ich den Saumagen so auf, wie's mir Winzerin Krieger empfohlen hat: Mit Bauernbrot und einer großen Schüssel grünem Salat!
Ein Essen für sechs, wenn sich jeder „e bissel geniert" und für acht, wenn sich jeder „e bissel aastrengt".

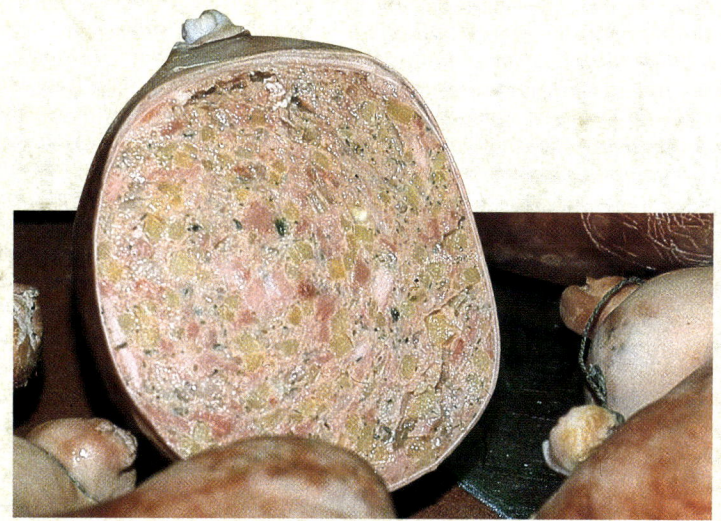

Wieviel Mühe macht ein Saumagen? So schlimm ist das gar nicht: Das Geschnipsel der Zutaten samt Füllen dauert etwa anderthalb Stunden, doch liegt der Magen erst mal im Kochtopf, dann haben Sie Zeit, sich den schönen Dingen des Lebens zuzuwenden. Ein gutes Buch lesen, Wein aussuchen und kühl stellen, Tisch decken, Beilagen zubereiten – alles ganz entspannt!

Wem der erste Saumagen gelungen ist, der oder die bekommt Lust

auf mehr und wird auch andere Rezepte ausprobieren wollen. Vielleicht mal ein historisches:

Das älteste Saumagen-

rezept, das ich kenne, stammt ~ dito ~ aus dem Westrich: Es ist

handgeschrieben in Sütterlin und entstammt einem um 1865 angelegten Kochbuch von Emma Ladenberger aus Bubenhausen bei Zweibrücken, verheiratet mit dem Advokaten Glaser in Zweibrücken. Roland Paul vom Insititut für pfälzische Geschichte und Volkskunde hat es mir überlassen, hier der Original-Wortlaut:

„Ohngefähr 20 mittelgroße Kartoffel roh geschält, fein würflich; 1 (Pfund) Schweinefleisch wird roh fein gehackt u. mit Salz, Pfeffer, Mayoran, einigen Zwiebeln vermengt. Der Magen wird mehrmals gewaschen u. über Nacht in Salzwasser gestanden haben u. alsdann gefüllt; in vollem Wasser 3 Stunden anhaltend kochen, doch nicht zu stark u. nicht ganz zugedeckt, sonst möchte er zerspringen, auch ein Stück Butter wird beim Füllen zugegeben, wer es liebt, kann ihn ja noch mit Butter anbraten, aber auch so gibt man ihn mit etwas fetter Brühe, worin er gekocht ist. Die Kartoffeln und Fleisch vor dem Füllen gekocht ist nicht so kräftig. Gros."

Gros? Das war wohl der Name der Köchin mit der eigenwilligen Rechtschreibung, von der Emma Glaser das Rezept erhalten hat – es ist in seinem gehetzten sprachlichen

Duktus auch eine Studie zum eiligen Umgang mit Worten in der Küche.

Dieses Rezept habe ich erstmal beiseite gelegt; ausprobiert und für gut befunden habe ich aber ein heutiges – auch aus dem Westrich: Harald Wolf aus Kaiserslautern, gelernter Diplom-Kaufmann, dann Studiendirektor im Schuldienst, nun im Ruhestand, kocht oft und gerne und gut. Gelernt hat er das Kochen schon in Kindertagen: Er kam 1936 im Saarland auf die Welt, in Kriegszeiten war der kleine Harald öfter mal allein zu Haus und hat in der Küche experimentiert. Das kam ihm später im Arbeitsleben zugute, und nun ist das Kochen Hobby geworden.

Kleines Problem: Er schreibt sich nichts auf. Sein Saumagenrezept allerdings ist hundertfach erprobt – auch im Fernsehen: Harald Wolf war Kochgast von Johann Lafer und mir, in „Lafer's Himmel un Erd". Auch sein Saumagenrezept kommt ohne Brät aus. Deswegen wird er nicht so wurstartig fest, was kein Nachteil ist.

Der Saumagen der Privatküche darf durchaus ein wenig bröckelig sein. Vor allem aber sei Wurstbrät ja vom Metzger gewürzt, das Würzen aber ist in Harald Wolfs Küche Chefsache – also seine.

Die Besonderheit seines Rezepts: Der Saumagen wird im Backofen gegart.

Also besteht keine Gefahr, dass er im Kochtopf platzt und man Saumagensuppe bekommt.

Harald Wolfs Pfälzer Saumagen aus Lautre

Zutaten:

1 großer gereinigter Saumagen

500 g Pellkartoffeln (fest kochende Sorte, z. B. Galatiner oder Hörnchen)

500 g gemischtes Hackfleisch

500 g Schweinefleisch (z. B. Oberschale)

500 g Schweinebauch, mit der Schwarte (die gibt der Füllung mehr Bindung), am besten vom Metzger schon in Scheiben geschnitten, dann lässt er sich zuhause leichter weiterverarbeiten

2-3 Eier

Gewürze:
Pfeffer,
Salz,
Kümmel,
Majoran

Zubereitung:

1. Saumagen auswaschen und in lauwarmem Wasser wässern.

2. Geschälte Pellkartoffeln, Schweinefleisch und Schweinebauch in Würfel schneiden (max. ein Kubikzentimeter) und in eine Schüssel geben. Hackfleisch dazu.

3. Die Masse mit den Eiern und den Gewürzen gut vermengen (die Menge der Gewürze hat Harald Wolf im Händchen, wer unsicher ist: Da hilft nichts, da muss man abschmecken.)

4. Saumagen füllen. Damit sich die Masse gut und gleichmäßig verteilt, den Magen etwas kneten und dann fest zubinden.

Die kleinste Öffnung, die zur Speiseröhre, lässt Harald Wolf auf Anraten seines Hausmetzgers Christian Ofiara offen, mehr „Ofiara-Ventil" auf Seite 39.

Den Magen so in Alu-Folie einpacken, dass kein Fleischsaft rauslaufen kann und auf den Rost oder in die Auflaufform in den Backofen geben, den dann erst einschalten und den Magen in mindestens drei Stunden bei 180 Grad garen. Das schien mir sehr heiß, aber es funktioniert. Vorteil der Methode: Man braucht sich nicht groß um Kochtemperatur zu kümmern. Nachteil: Der Backofen, den man vielleicht fürs Warmhalten der Beilagen bräuchte, ist besetzt. Nach drei Stunden den Saumagen aus dem Backofen holen, noch etwas ruhen lassen, auspacken, aufschneiden. Den rosigen Saft, der sich in der Folie und beim Aufschneiden sammelt, gießt Harald Wolf auf's Sauerkraut (das er übrigens auch mit Kümmel würzt). Kartoffelpüree gibt's bei ihm keines dazu: „Kartoffle sinn jo im Saumage schun drin!" Wo der Mann recht hat, hat er recht. Er rechnet einen Saumagen für fünf Gäste.

Sein Tipp: Gleich zwei Saumägen zubereiten, den zweiten in Scheiben schneiden, zwischen jede Scheibe ein Blatt Alufolie, einfrieren, und später scheibchenweise zubereiten – gebraten in der Pfanne oder aber erwärmt in der Mikrowelle. Ein auch von Frau Wolf sehr geschätztes Abendessen!

Eine hochgelobte Saumagenvariante kommt aus der Küche einer Winzerin, die 1966/67 Pfälzische Weinkönigin war. Da hieß sie noch Ulrike Klein. Inzwischen führt Ulrike Krieger mit ihrem Mann Heini Krieger das Weingut Krieger in Rhodt unter der Rietburg, ein paar hundert Meter vom ältesten Weinberg der Pfalz entfernt, in der Edesheimer Straße 7. Tochter Barbara, Weinbauingenieurin von Beruf, ist für den Ausbau der Weine im Keller verantwortlich. Die Weinproben im Haus Krieger sind legendär. Nicht zuletzt, weil die Hausherrin auf eine gute Unterlage Wert legt, bevor es ans Weinprobieren geht.

Also gibt es für Stammkunden erst einen Saumagen. Dann die Probe. Der Krieger'sche Saumagen werde, sagt die Tochter, möglicherweise nur von einem Einzigen übertroffen: Dem der Schwiegermutter. Eine Verneigung

vor so viel zwischen- und innerfamiliärer Harmonie und nun also die Zutaten für den:

Saumagen der Winzerin aus Rhodt

Zutaten:

375 g gepökeltes Bauchfleisch und

375 g Schweinekamm, beides in kleine Würfelchen geschnitten (ca. ½ cm groß)

375 g Rinderhackfleisch und

250 g grobes Bartwurstfüllsel

1 Eier

3 bis 4 Kartoffeln, roh, in kleine Würfel geschnitten

Gewürze:
Salz (nicht zu viel, weil das gepökelte Bauchfleisch schon gesalzen ist)

Je 1 kleiner Teelöffel Pfeffer und Muskat

etwas Koriander, ein Händchen voll Majoran.

Zubereitung:

1. Die Zutaten samt Gewürzen gut vermengen, dann

2. Kartoffeln (nicht blanchiert) unterheben.

3. Masse in den Magen füllen. Große und zweite Öffnung zunähen oder abbinden, kleine Öffnung (Speiseröhre) offen lassen.

4. Fünf Stunden bei 85 Grad im Wasserbad garen (Ulrike Krieger benutzt einen elektrischen Einkochapparat mit Thermostat), dann sind auch die rohen Kartoffeln gar und durch die lange Garzeit ist der gesamte Fleischsaft in die Füllung eingezogen.

5. Saumagen aus dem Topf nehmen, etwas abdampfen lassen.

6. In großer Pfanne Butter erhitzen, den Saumagen in der Butter glacieren.

Dazu gibt's knuspriges Bauernbrot, im Winter reichlich Sauerkraut, im Sommer eine große Schüssel grünen Salat. Und dazu trinkt man im Weingut Krieger sommers wie winters am liebsten einen halbtrockenen Silvaner Rhodter Ordensgut aus eigenem Anbau.

Die lange Garzeit macht auch den Saumagen selbst, also die Hülle, schön weich. Dennoch bleibt die meist auf dem Teller. Was Ulrike Krieger nicht verstehen kann. Sie hält den Magen-Verächtern entgegen, dass sie bei der Bratwurst ja auch den Naturdarm außenherum mitessen. Das üppige Rezept reicht nach Erfahrung der Winzerin für fünf bis sechs Personen. Es sei denn, es seien Chinesen zum Essen eingeladen. Eine chinesische Gästegruppe, Praktikanten einer pfälzischen Fabrik, besah den Saumagen erst gründlich – und langte dann ebenso gründlich zu, samt mehrfachen Nachschlags. Am Ende hatten die Gäste aus China das Dreifache der üblichen Portionen gepackt. Und

alles lächelte. Im Gästebuch der Kriegers kann man's nachlesen – wenn man chinesisch kann.

Wie ist das nun mit der Hülle? Auch ein Saumagen im Kunstdarm kann ein wohl-

schmeckendes Gericht sein. Aber mal ehrlich: Das Wahre – oder besser: Der Wahre ist es nicht. So sieht das auch mein Liebster, ein waschechter Pfälzer und großer Saumagen-freund. Dennoch lässt er die zwei, drei Millimeter dicke Schicht Magen um den Saumagen herum immer auf dem Teller liegen. Und wenn ich mir die Hülle schmecken lasse, dann schaut er mich fassungslos an: Wie kann man so etwas nur essen?! Soviel Verachtung vom Pfalz-Puristen, der darauf besteht, dass nur ein Saumagen im Saumagen ein Saumagen ist! Soviel zu den Ambivalenzen in uns: Shakespeare hat Recht, der Mensch ist „ein schwindlig Ding". („Viel Lärm um Nichts").

Derselbe Andreas übrigens, der beim Saumagen-Vergleichs-essen auch feinste Geschmacksnuancen herausschmeckt (etwa die Prise Koriander oder den kleinen Anteil von Lauch), derselbe Andreas begeht nach den ersten Vergleichsbissen die Ungeheuerlichkeit und nimmt sich einen Schlag Senf zum Saumagen.

Saumagen-Rezepte der Metzger:

Es geht weiter mit unserer Entdeckungsreise ins Innere des Saumagens. Und nun spricht

der Metzger! Der eigentliche Saumagen-Profi. Die Pfälzer Metzger sind ein wahrer Segen für alle Saumagenfreunde. Unverzichtbar immer dann, wenn die Zeit fehlt, um selbst ganze Berge von Schweinekamm oder -Hals oder -Bauch würfelig zu schneiden und fünf Stunden auf das Garen des Saumagens zu warten. Beim Saumagen erweist sich der Metzger als Kochkünstler. Und deswegen ist der gute Saumagen-Metzger auch ein nützlicher Ideengeber für die eigene Küche. Die Metzger-Saumägen enthalten fast immer Wurstbrät zur Bindung, es macht den Saumagen schnittfest. Eier, wie man sie in der Privatküche zum Binden benutzt, werden in Fleischereien selten verwendet – und wenn, dann pasteurisiert als Vollei. Wer also eines der folgenden Rezepte nachkocht und weniger Brät verwenden, aber doch genügend Bindung haben will: Geben Sie ein, zwei frische Eier zur Füllung. Die Menge der Zutaten variiert übrigens von Rezept zu Rezept:

Meist aber sind es zwei bis zweieinhalb Kilo. Ist das Rezept sehr üppig, dann können Sie sich ja einen größeren Magen beim Metzger bestellen, oder ein Stück Naturdarm zusätzlich. Übrigens eignen sich leere Mägen auch zum Tiefkühlen, aber bitte nicht zu lange aufbewahren. Und

weil Metzger Profis sind, geben sie die Gewürze auch genau abgewogen zur Füllung. Für moderne Küchenwaagen kein Problem, die wiegen auch grammweise.

Der Pfälzer Metzger als Saumagen-Kreateur – da gibt es natürlich solche und solche. Der Wahrheit die Ehre: Man kann in hiesigen Metzgereien auch durchaus mittelmäßige Saumägen kaufen, die nicht viel mehr sind als Wurst mit Kartoffelanteil. Aber wer sucht und sich ein bisschen umhört, der findet unter den Metzger-Saumägen ausgesprochen delikate. Und es ist nicht das schlechteste Zeichen, dass sich auch Restaurants erster Güte zu „ihrem" Saumagen-Metzger bekennen – siehe den „Deidesheimer Hof" und die Metzgerei Hambel, siehe den „Sonnenhof" in Siebeldingen und die Metzgerei Gütermann. Umso erfreulicher, dass einige erprobte

Saumagen-Macher der pfälzischen Metzgerzunft uns ihre Rezepte zu Verfügung gestellt haben.

Zuerst das meiner Hausmetzgerei in Speyer, der Metzgerei Göck in der Gilgenstraße 10. Richard Göck hält sich auch heute noch an das von Vater Otto Göck überlieferte Rezept. Dieser Saumagen ist deftig und nicht so fettarm wie andere im Buch, aber da Fett ja als Aromaträger dient, kommen die feinen Gewürze gut zur Geltung. Hier die Zutaten für den:

Speyerer Saumagen aus dem Hause Göck:

Zutaten:

600 g	Schweineschulter
400 g	Schweinebauch – beides ohne Knorpel und Schwarte grob gewürfelt –
750 g	feines Wurstbrät
750 g	fest kochende Kartoffeln, gewürfelt, in kochendem Wasser blanchiert, gut abgetropft und ausgekühlt
50 g	Zwiebelwürfel blanchiert

Gewürze:

25 g	Salz
3 g	Pfeffer
2 g	Muskat
2 g	Kardamom
10 g	Majoran

Zubereitung:

1. Gewürze zum Fleisch geben und vermengen,

2. dann Wurstbrät dazu, gründlich vermischen,

3. die Füllung in den Magen geben, Öffnungen schließen, große Öffnung mit ein paar Stichen Wurstgarn oder Rollbratenschnur (gibt's beim Metzger) zunähen,

4. drei Stunden im siedenden Wasser ziehen lassen – nicht über 80 Grad und eventuell in ein Küchentuch gehüllt, um Ansetzen und Platzen zu vermeiden.

5. Dann aufschneiden, aufessen und einen Teil der Komplimente, die man einheimst, an den Metzger weitergeben.

Volker Ballreich, junger Metzger aus Speyer und selbst Sohn einer Metzgerfamilie, führt seit einigen Jahren die traditionsreiche Metzgerei Kinscherff in Dudenhofen, Neustadter Straße 1.

Er mag den Saumagen bunt. Und ist der Einzige unter den Metzgern hier im Buch, dessen Saumagen Karotten enthält. Das gibt ihm eine milde, gemüsige Süße.

Ballreich verwendet keinen Majoran. Es sei denn, ein Kunde legt Wert auf dieses Gewürz, das sich in der Tat mit Karotten nicht gut verträgt.

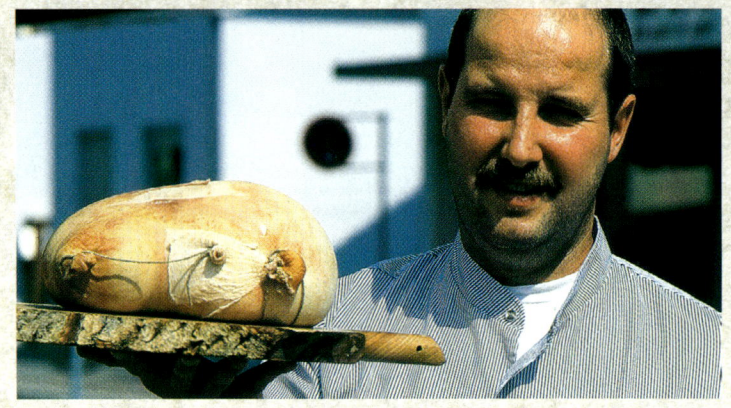

Ballreichs bunter Saumagen:

Zutaten:

1 kg Schweineschulter, kleine Würfel

250 g feines Brät

600 g Kartoffeln, klein gewürfelt, blanchiert

150 g Karotten, klein gewürfelt, blanchiert
  etwas gehackte Zwiebeln
  etwas Lauch in dünnen Streifen

  Gewürze:

3-4 g Pfeffer

3-4 g Muskat

2 g Koriander

20 g Salz

Zubereitung:

1. Schweinefleisch, Karotten, Kartoffeln mit den Gewürzen gut mischen,

2. feines Brät dazu geben und gründlich vermengen.

3. Die Masse in einen mittelgroßen oder zwei kleine Mägen füllen und

4. in 80 Grad heißem Wasser mindestens 2,5 Std. ziehen lassen.

5. Aufschneiden. Den Anblick genießen und sich dann den Saumagen schmecken lassen.

In Weisenheim am Sand,

schräg gegenüber der Eiche im

Dorfmittelpunkt, um die sich eine

runde Sitzbank fügt, ist die Metzgerei von Heinz-Werner Süss zu finden – eine erstklassige Adresse in Sachen Saumagen. Mehr als 100 Jahre reicht die Metzgertradition in der Familie Süss zurück. Die Töchter Alexandra (Metzgermeisterin) und Irina (fürs kaufmännische zuständig) werden diese Tradition weiterführen, schon jetzt sind sie gleichberechtigte Geschäftspartnerinnen von Heinz-Werner Süss. Er: Ein Pfälzer, dem die Freude am guten Essen ebenso aus den Augen strahlt wie auch die Freude an seinem Beruf. Die Metzgerei Süss hat zusätzlich zum Hauptgeschäft in Weisenheim am Sand, Laumersheimer

Straße 1, inzwischen fünf Filialen in der näheren Umgebung von Weisenheim und in Ludwigshafen. Er ist stolz auf eine jederzeit vorzeigbare Fabrikation mit modernen Maschinen, erfahrenen Beschäftigten und einer Wohnküche als Kreativwerkstatt. Da werden neue Kreationen ausgedacht, wie der preisgekrönte Lachsschinken im Pfälzer Portugieser oder das Saumagencarpaccio (kleine, in Wurstdarm gefüllte Saumägen, hauchdünn geschnitten und in einer feinen Vinaigrette samt Zwiebelchen und Karottenscheibchen angerichtet). Soviel Einfallsreichtum kommt bestens an bei der Kundschaft.

Heinz-Werner Süss ist als Landesinnungsmeister des Fleischerverbandes Pfalz quasi der Sprecher der Pfälzer Metzger. Und er füllt dieses Amt mit einem gewissen Sendungsbewusstsein aus: Wenn er Kollegen aus anderen deutschen Landstrichen trifft, tischt er, wann immer möglich, Saumagen und Pfälzer Wurstwaren auf. Und er freut sich noch heute darüber, wie die Bayern – die kritischsten, qualitätsbewusstesten der Kollegen – sich am Saumagen labten. Beim Pfälzer Buffet, von Süss im Münchener Hofbräuhaus aufgetischt, haben die sich vom frischen, am Stück angebotenen Magen „erscht so e Eckel abgeschnitte, donn sinn die Scheiwe immer greeßer woore!" Hier das Rezept des bei aller Kreativität auf einen möglichst originalgetreuen Saumagen bedachten Metzgers Süss – auf haushaltstaugliche Größe gebracht:

Der Saumagen vom (Innungs-)Meister:

Zutaten:

700 g magere Schweinefleischwürfel aus der Keule, dem Schinkenstück also, aber nicht gepökelt

700 g grobes Bratwurstbrät

100 g Feinbrät zur Bindung

700 g Kartoffeln, feinwürfelig geschnitten und in Fleischbrühe blanchiert

Gewürze:

44 g Salz

5 g weißen Pfeffer

3-4 g Muskat, frisch gerieben

2 g Koriander

ca. 5 g ganz fein gewürfelten, blanchierten Lauch.

Zubereitung:

1. Zutaten gründlich vermischen, bis sie Bindung haben,

2. dann Saumagen fest füllen, Luft herausdrücken.

3. Ca. 3 Stunden bei 75 Grad im Wasser sieden lassen. Erfahrung aus der Metzger-Praxis: „Wenn die Dicken platzen, sind die Dünnen gut!"

4. Den gegarten Saumagen lässt man im Hause Süss erkalten, bestreicht ihn am nächsten Tag mit Butter und gibt ihn bei 120 Grad für ca. zwei Stunden in den Kachofen, letzte Viertelstunde Temperatur erhöhen, dann wird er goldbraun-glänzend serviert.

Mit Kartoffelpüree und Sauerkraut servieren. Da langen nicht nur die Bayern zu!

Wo gibt's den besten Sau-magen? Das herauszubekom-men, ist eine lebenslängliche Heraus-

forderung für jeden Pfälzer, jede Pfälzerin – und ist natürlich auch Geschmackssache. Entscheidungshilfen gibt's bei den Südpfälzer Metzgern. Seit 1997 wird da ein Saumagenwettbewerb veranstaltet, initiiert vom damaligen Obermeister der Innung Landau-Südliche Weinstraße, Metzgermeister Klaus Wolf. Der Wettbewerb richtete sich erst an Hobbyköche, Männer wie Frauen, wurde aber dann rasch zum Saumagen-Kriterium der Profis. Die stellen sich alle zwei Jahre diesem Wettbewerb. Und das funktioniert so: Die Saumägen werden am Tag vorher angeliefert, mit Nummern versehen und dann von einer fachkundigen Jury (mit Metzgern, renommierten Köchen und Ess-Erprobten aus anderen Berufen) verkostet. Erste Bewertung: alle Saumägen mit mehr als 50 Punkten kommen auf einen gesonderten Tisch, nochmal wird verkostet, dann wird der Sieger, der zweite und dritte ermittelt.

Die Wettbewerbe 2000 und 2002 mit jeweils mehr als 100 Teilnehmern hat ein und derselbe gewonnen: Peter Gütermann. Gütermann ist kein Spross einer Metzgerfamilie: Er besitzt eine kleine Dorfmetzgerei im Landauer Stadtteil Godramstein, Hauptstraße 118, vom Vorgänger August Lützel übernommen, inzwischen auch eine Filiale in Landau, Kramstraße 9. Mehr soll es nicht werden.

Gütermanns Grundprinzip: Frische und Fleischqualität. Die Schweine bezieht er seit 25 Jahren beim selben Bauern

in Karlsruhe-Rüppurr. Und er lässt zweimal die Woche, montags und freitags, Schweine schlachten – im Karlsruher Schlachthof, um den Tieren lange Transportwege zu ersparen. Frisches Schweinefleisch schmeckt einfach besser, davon ist Gütermann überzeugt. Aber auch aus dem besten Fleisch wird nicht zwangsläufig ein preisgekrönter Saumagen. Gütermanns Rezept ist selbst entwickelt, aber im eigenen Haus von besonders kritischen Testessern für gut befunden: Seiner Frau Ute und „20 hervorragenden Mitarbeitern, die Verkäuferinnen inbegriffen, auf die ich sehr stolz bin". So sind Gütermanns Saumägen inzwischen heiß begehrt, werden insbesondere im Herbst an Stammkunden aus ganz Deutschland, besonders aus dem badischen verschickt und auch in der Gastronomie aufgetischt. Dabei ist Gütermann durchaus zu Experimenten bereit, mit den Küchenchefs des Siebeldinger „Sonnenhofs" beispielsweise, hat er einen leicht geräucherten Saumagen kreiert. Aber die Basis bleibt:

Der Sieger-Saumagen von Gütermann

Zutaten:

800 g mageres Fleisch aus der Schweinekeule (in Würfel von 8 bis 10 mm Kantenlänge geschnitten)

800 g Feinbrät oder feines Bratwurstfüllsel vom Metzger

800 g Kartoffeln – in 8-mm-Würfel geschnitten und blanchiert.

Gewürze:
50 g Salz
50 g fein geschnittenen Lauch
5-6 g weißen Pfeffer
3 g Muskatnuss
10 g Majoran
1-2 Zwiebelchen, fein gehackt

Zubereitung:

1. Alle Zutaten für die Füllung gut vermischen,

2. den Saumagen füllen,

3. verschließen,

4. Haut mit dünner Nadel einstechen,

5. in ein Küchentuch einschlagen und

6. bei 72 Grad vier Stunden garen lassen.

Frisch aus dem Kessel schmeckt Metzger Gütermann der Saumagen am besten. Und er freut sich, wenn so ein Gütermannscher Saumagen zum Beispiel im „Turmstüb'l" in Deidesheim komplett am Tisch serviert wird!

Weil wir in der Südpfalz sind, gibt's bei Gütermanns traditionell auch den Saumagen mit Kastanien, „de Keschdesaumache". Er war eigentlich keine Erfindung der Gourmets, sondern aus der Not geboren: Kastanien wachsen am Haardtrand und im Wasgau in Hülle und Fülle und waren umsonst zu haben. Also hat man sie genutzt und statt der Kartoffeln im Saumagen verwendet.

Heute gibt's gute Keschde auch tiefgekühlt, wer diesen speziellen Geschmack mag, kann also ganzjährig „Keschdesaumache" genießen. Dafür die Kartoffeln im Rezept durch geschälte, vorgekochte (oder die fertig vorbereiteten) Kastanien ersetzen – zur besseren Bindung zwei bis drei Eier zufügen. Ansonsten zubereiten wie den Klassiker. Dazu einen kräftigen Wein: Zum Wohl!

Doch nun in die ursprüngliche Heimat des Saumagens: Zu Heiner dem IV. in Zweibrücken.

Heiner Grim (ein Vorfahre hat, warum auch immer, das zweite „m" im Nachnamen amtlich streichen lassen) führt in der Zweibrücker Fußgängerzone, Hauptstraße 3, sein Hauptgeschäft, es gibt noch eine Filiale in der Unterstadt. Seit 127 Jahren gibt's die Grims nachweislich – und seither ist es Brauch, dass ein Sohn Heinrich heißt. Und so ist auch Heinrich der V. (Foto), sein Sohn und gelernter Metzgermeister, mit im Geschäft. Wie auch Kathi, die älteste Tochter, die Siegerin im Bundeswettbewerb der Metzgereifachver-käuferinnen war und sich nun vorwiegend ums Catering im väterlichen Betrieb kümmert. Und auch Tina,

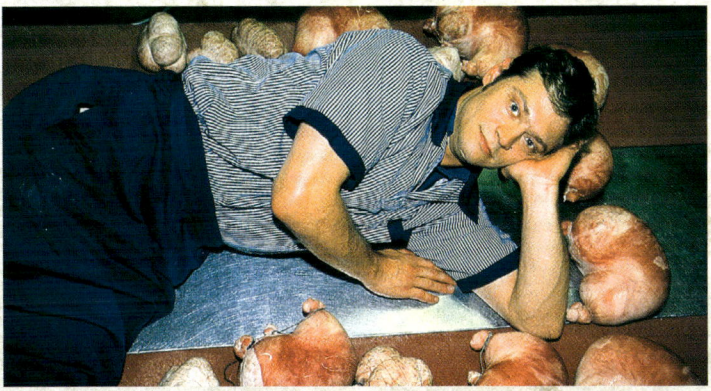

die jüngere, hilft, wenn's Not tut. Die Grims waren ursprünglich Bauern und Hausmetzger, der Ur-Urgroßvater hat mit dem Geschäft begonnen. Und weil die Verbindung zur Landwirtschaft auf der Sickinger Höhe noch immer gut ist, schwört Heiner der IV. auf die Grundzutaten aus der Region: Die Schweine bezieht er seit 20 Jahren vom Heilbachhof, in Zweibrücken wird geschlachtet, ein Geselle von Metzger Grim putzt selbst die Mägen und Därme.

Und was die Kartoffeln im Saumagen betrifft: Die müssen zwischen Martinshöh, Landstuhl und Queidersbach gewachsen sein: „Nix geht iwwer die Grumbeere von de Sickinger Höh!" Nicht vergessen! Darum stammt ja auch der Saumagen aus dem Westrich, mögen sich die Vorderpfälzer auch nach wie vor damit schmücken.

Heiner der IV. hat die Saumagenbegeisterung von Heiner dem III. übernommen: Saumagen war die Krönung jedes Geburtstags, der Vater hat die Fleischwürfelchen alle akkurat selbst von Hand geschnitten, das hat ihm keiner und keine sonst gut genug gemacht. In der Metzgerei gab's den Saumagen damals noch nicht. Jetzt aber schon – und er ist heiß begehrt. Hier also:

Der Saumagen von Heiner dem IV.

Zutaten:

1 kg	Schweineschulter oder Schweinekamm, würfelig geschnitten, ca. 8 mm
max. 500 g	Bratwurstbrät
1 kg	Kartoffeln, 4 mm-Würfelchen, blanchiert

Gewürze:

50 g	Salz (wer den Saumagen rot haben will, muss sich Pökelsalz besorgen)
7,5 g	Pfeffer
6 g	Muskat
20-30 g	Majoran ganz
wenig	Bohnenkraut
1	fein gewürfelte Zwiebel, nach Wunsch blanchiert

Zubereitung:

1. Zutaten gründlich vermengen,

2. in den leeren Magen füllen, verschließen.

3. Den Saumagen am besten im Thermokessel bei gleichmäßig 80 Grad Wassertemperatur sieden. Und zwar fünf Stunden lang. Dann braucht man keine Kerntemperatur mehr messen, der Magen ist mit Sicherheit gar.

4. Er wird nach Wunsch in der Pfanne nochmal gebraten und mit Sauerkraut oder mit Feldsalat serviert.

Und Kartoffeln dazu? Nein, sagt der Kartoffelliebhaber Grim. Wie Hobbykoch Wolf verweist auch er darauf, dass die „Grumbeere" im Saumagen schon drin sind! Zu trinken gibt's kein Bier, sondern einen feinen Weißen aus der Pfalz.

Noch ein Tipp vom Saumagen-Metzger aus Zweibrücken: Man kann auch den Endkeil der Sau mit der Masse füllen. Was bitte ist ein Endkeil? Das sei, sagt Metzger Grim, das Ende vom Dickdarm. Kleiner als ein Saumagen, aber doch dick genug, um die Saumagenfüllung stabil zu umschließen. Überhaupt gehe der Trend zum Zierlichen: Bei Grims

in der Metzgerei sind besonders beliebt die Saumagenwürste im Schweinedarm, ideal für den Single-Haushalt. Doch die Stammkundschaft schätzt den original Saumagen – und davon jede Menge: Eine Wienerin lässt sich bei ihren Besuchen regelmäßig den Kofferraum des Wagens mit vakuumierten Saumägen aus dem Hause Grim füllen.

Im Juni 2003 war Christian Ofiara, der Inhaber der Metzgerei Ofiara in Kaiserslautern,

Medicusstraße 23, an einem Saumagenrekord beteiligt: Beim Innungsfest des Handwerks fertigten 30 Metzger der Stadt gemeinsam den längsten Saumagen der Welt – 60 Meter lang. Er wurde auf einem ebenso langen Tisch gelagert und Stück für Stück für einen guten Zweck verkauft. Die 780 Kilo waren in drei Stunden aufgegessen.

Soviele Saumagen-Köche – wie hat das geklappt? Ganz einfach: Jeder Metzger hat seinen Saumagen gemacht, durch ein Netz verbunden wurden die einzelnen Saumägen zum Gesamtkunstwerk. Ich bin sicher, ich hätte Ofiaras Saumagen herausgeschmeckt.

Er ist kräftig-deftig und wird aus Schinken hergestellt. Ofiara, der aus Oberschlesien stammt, aber als Kind in die Pfalz kam und hier aufwuchs, hat mit seiner Frau Rosemarie Ofiara, einer gebürtigen Pfälzerin, 1980 die Metzgerei von Franz Henrich in Kaiserslautern übernommen, in der er zuvor zehn Jahre gearbeitet hatte. Und heute wird Ofiaras Saumagen noch immer nach dem Originalrezept vom Vorgänger hergestellt. Auch Sohn Stefan Ofiara, der als Metzger im elterlichen Betrieb arbeitet, wird das später einmal so halten, denn die Kundschaft liebt den kräftigen:

Schinken-Saumagen aus Kaiserslautern

Zutaten:

1,2 kg gekochter Schinken, in 12 mm-Würfel geschnitten

600 g Kartoffelwürfel, blanchiert, ebenso groß

ca.
600 g Lyoner- oder Fleischkäsebrät

Gewürze:
Wenig Salz, weil Schinken und Brät schon gesalzen sind
6 g Pfeffer
6 g Muskat
4 g Koriander
4 g Ingwer
3 g Majoran

1 kleine Zwiebel

etwas Lauch, fein gehackt

Zubereitung:

1. Alle Zutaten kalt miteinander vermischen, bis die Füllung Bindung hat.

2. Dann in die Saumägen einfüllen.

3. Öffnungen verschließen, bis auf die kleinste – die zur Speiseröhre. Wenn die offen bleibt, kann Luft entweichen, dieses quasi Ventil verhindere, sagt der Metzger, ein Aufplatzen des Saumagens.

4. Im 80 Grad heißen Wasser drei bis vier Stunden garen, die Kerntemperatur, die man mit dem Stielthermometer messen kann, sollte 68 Grad betragen.

Den fertigen Saumagen servieren Ofiaras mit gerösteten Zwiebeln. Und verkaufen ihn auch im Stück an die Kundschaft – Stammkunden aus ganz Deutschland beziehen den Schinken-Saumagen der Ofiaras.

Der Tipp der Metzgersfrau zum Aufwärmen:
Den Saumagen in Bratfolie geben und bei 180 Grad ca. 1,5 Stunden im Backofen backen. Oder einzelne Scheiben in der Pfanne schmurgeln, unbedingt in Butter!
Und gerne mit gerösteten Zwiebelchen dazu und Brot!

Zum Schluss der Metzger-Parade der Bekannteste: Von den Hambels in Wachenheim,

Hintergasse 1, haben Saumägen ihren Weg sogar in die Metropolen gefunden – und in die Mägen hoher und höchster Herrschaften.

So haben Hambels 1996 zusammen mit dem Sterne-Koch Johann Lafer die Vollversammlung der Vereinten Nationen in New York verköstigt – die Hambels steuerten die wohl größte Schlachtplatte bei , die je von Europa in die USA geliefert wurde. Mitsamt Saumagen. Kaum ein Staatsgast im nahen „Deidesheimer Hof" hat nicht von Hambels Wurstwaren oder Saumagen gekostet. Die Nähe zum Spitzenrestaurant hat zu einer fruchtbaren Zusammen-

arbeit geführt: Mit den Küchenchefs der beiden Restaurants im Deidesheimer Hof tüftelt Klaus Hambel, der junge Chef der Metzgerei, neue Saumagen-Rezepturen aus, beispielsweise einen Saumagen mit Schnecken. Dabei begann alles ganz schlicht: Großvater Georg Hambel war Winzer, Vater Walter Hambel übernahm die Weinberge. Er hatte aber auch das Metzgerhandwerk erlernt, bei seinem Onkel Egon Hambel in Kerzenheim, und verdiente so der Familie als Hausmetzger neben dem Weinbau ein Zubrot. Der Hausmetzger Hambel war bald sehr gefragt – auch in renommierten Häusern wie Buhl und Bassermann-Jordan bezog man seine Wurst. Und als Sohn Klaus Interesse fürs Metzgerhandwerk zeigte, gründeten Vater und Sohn 1985 die Metzgerei. Schwerpunkt: Schweinernes. Vor allem Frischwurst und Dosenwurst. Der Saumagen kam bald dazu! Dann wurde Helmut Kohl Kanzler, dann sprach sich herum, dass er den Hambelschen Saumagen besonders schätze – der Rest ist eine Erfolgsgeschichte. Die noch nicht zu Ende ist. Denn wie Klaus Hambels Lehrmeister, die Metzger Arbogast in Speyer und Balthasar in Ramsen, so wird auch er nicht müde, neue Rezepturen auszuprobieren, beispielsweise den mediterranen Saumagen mit Oliven und Broccoli. Neu im Angebot: die zierlichen Saumagentaler aus Saumagenfüllung mit roten Zwiebelchen und Rosinen. Eine delikate Vorspeise, durchaus zu empfehlen. Und den Wildschweinsaumagen aus dem Hause Hambel habe – schon wieder er! – Ex-Kanzler Kohl besonders geschätzt. Doch der Renner im Angebot, verkauft im Laden, verschickt deutschlandweit, aufgetischt in zig Weinstuben, Wirtschaften und Pfälzerwaldvereinshütten, ist nach wie vor:

Hambels klassischer Saumagen*

Zutaten:

500 g   Schweinefleisch aus dem Schinkenstück der Keule, in 1,5 cm große Stücke geschnitten

900 g   weiteres Fleisch aus der Keule (Unterschale, Gänsel) , durch die große Scheibe des Fleischwolfs getrieben

900 g   Schweineschulter (vom Metzger fein gemahlen oder aber zuhause zweimal durch die feine Scheibe vom Fleischwolf gedreht – dann dem Rezept zwei Eier zufügen)

900 g   blanchierte Kartoffelwürfelchen (0,5 cm groß), am besten Quarta.

      Gewürze:

   15 g   Salz
   10 g   Pfeffer
    9 g   Muskat
    9 g   Koriander
wenig   Majoran
     1   Prise gemahlene Nelken

* fest und fettarm (Fettanteil unter 5 %. Zum Vergleich: Fleischkäse hat ca. 40 %)

Zubereitung:

1. Die Würfel und das durch den Wolf gedrehte Fleisch vermengen, mit 30 g Salz würzen und über Nacht ziehen lassen.

2. Am folgenden Tag restliche Gewürze zu den Kartoffeln geben.

3. Gewürzte Kartoffeln und fein gemahlene Fleischmasse mit dem vorgesalzenen Fleisch gut mischen, abschmecken, evtl. nachwürzen,

4. in leeren Magen recht fest einfüllen. Dabei darauf achten, dass keine Luftlöcher im Magen bleiben! Magen schließen – evtl. in ein Leintuch einschlagen und

5. im 72 Grad heißen Wasser etwa 3,5 Stunden sieden lassen.

Auch Metzger Hambel prüft die Kerntemperatur des fertigen Magens: 65 Grad muss er haben.Oder aber Klaus Hambel macht den schon geschilderten Echo-Trick: Ein Finger an ein Ende, mit dem anderen Finger aufs andere Ende klopfen. Wenn sich das Echo des Klopfens übermittelt, heißt es bei Hambels: Zu Tisch! Und zum Saumagenklassiker gibt's ganz klassisch Sauerkraut und Kartoffelpüree.

Ein Wort zur Kartoffel,

die in der Pfalz „Grumbeer"

heißt – unverzichtbar auch in den

Metzger-Saumägen. Und mit im Spiel in den meisten Rezepten im Buch. Fest muss sie sein im Saumagen, mehlig und stärkereich im Püree und natürlich muss sie auch aromatisch schmecken.

Die Pfälzer lieben ihre „Grumbeere" – und während die Vorderpfälzer ganz zu recht stolz sind auf die am frühesten reifenden Kartoffeln der ganzen Republik, halten auch die Westpfälzer ihre Kartoffeltradition hoch. Die ja – wie Metzger Grim uns beigebracht hat – zur Erfindung des Saumagens führte.

Der guten Pfälzer „Grumbeer" aus der Westpfalz widmet man am ersten Wochenende im Oktober in Wallhalben ein eigenes Volksfest, den „Grumbeeremarkt". Welche Kartoffeln nun für den Saumagen verwenden? Herbert Fuhrmann aus Biedershausen , dessen Familie schon um 1800 Kartoffeln gepflanzt hat, schwört für die Saumagen-Füllung auf die Sorten Hansa oder Cilena.

Was das Püree betrifft, rät der Kartoffelbauer zur Sorte Agria. Und was macht die Westricher Kartoffeln so gut? Die mittelschweren Böden, und das Klima auf der Sickinger Höhe: nicht zu heiß, nicht zu trocken!
Bei Fuhrmanns in 66917 Biedershausen, Winterbacher Straße 14, wie auch bei vielen anderen Bauern, kann man die „Grumbeere" frisch ab Hof kaufen.

Doch auch wer die Kartoffeln im Supermarkt einkauft (und das sind inzwischen mehr als ein Drittel der Verbraucher) muss nicht auf gute Pfälzer Produkte verzichten:

Sie sind inzwischen eine Art Markenartikel geworden. Wo „Pfälzer Grumbeere" draufsteht, sind genau die drin: 440 Vorderpfälzer Kartoffelerzeuger haben sich unter dieser Bezeichnung zusammengeschlossen und inzwischen einen beachtlichen Marktanteil in- und außerhalb der Pfalz erreicht.

Von Saarbrücken bis Kassel, von Stuttgart bis Freiburg und Nürnberg reicht das Einzugsgebiet. Und warum soll man sie kaufen? Peter Schmitt, Geschäftsführer der „Pfälzer Grumbeer"-Erzeugergemeinschaft in Neustadt an der Weinstraße, hat eine überzeugende Antwort parat: „Weil sie besser schmecken als andere". Nichts gegen die Böden im Westrich, aber auch die Lössböden in der Rheinebene lassen „Grumbeere" gedeihen, sagt der Fachmann. Und wo's an Wasser fehle, hilft die Beregnung. Die 440 Erzeuger stellen sich regelmäßiger Qualitätskontrolle. Neue Sorten werden auf den Geschmack hin getestet. Unter dem Label „Pfälzer Grumbeer" kommen 15 Sorten in den Handel. Und ab Hof bieten die Erzeuger oft ein noch breiteres Spektrum an. Die Festkochenden sind grün gekennzeichnet, die vorwiegend Festkochenden rot und die Mehligen blau.

Auch der Vorderpfälzer Grumbeer-Experte rät zu Cilena, um den Saumagen zu füllen, im Kommen seien auch neue Sorten: Wie Princess und Annabelle,

die goldgelbe. Und schön mehlig und und stärkereich fürs Püree sind

Likaria, Gunda und Aula.

Saumagen-Rezepte aus den Weinstuben:

In welchem Pfälzer Lokal tischt man den besten Saumagen auf? Ist es die Weinstube X in Y

oder die Wirtschaft A in B? Mancher Metzger hört solchen Debatten amüsiert zu: Im Zweifelsfall beliefert er beide Lokale. Fast jede Pfälzer Weinwirtschaft hat einen Saumagen auf der Karte stehen. Wir haben für unser Buch nur einige der vielen Weinstuben ausgewählt, die für einen guten, mit Sorgfalt und Liebe bereiteten Saumagen stehen – und der darf durchaus auch vom Metzger kommen.

Die schönste Pfälzer Wein-

stube ist in meinen Augen die

„Eselsburg" im Neustadter Orts-

teil Mußbach (da wo die Weinlage „Eselshaut" zu Hause ist) in der Kurpfalzstraße 62. Das Häuschen aus unverputz-tem Sandstein zeigt schon von außen des Lebens ganze Fülle: Ein Mann, der Trauben im Bottich tritt, ein badendes Pärchen in einem Zuber, ein segnender Bischof, allerlei Getier. Der Maler, Zeichner, Holzschnitzer, Bildhauer, Fritz Wiedemann, hat die Figuren alle aus Wingertsteinen gehauen und am Häuschen angebracht. Die Künstler-familie Wiedemann hatte in den sechziger Jahren die „Eselsburg" bezogen, um hier zu leben. Und weil ohnehin ständig Gäste kamen, entstand irgendwann die Idee, aus dem Wohnhaus ein Gasthaus, eine Weinstube zu machen. So, wie sie 1967 war, so ist sie auch heute noch: Viel Holz, viele Schnitzereien, viele Bilder. Und man entdeckt immer wieder neue. Denn Sohn Peter Wiedemann, der die Esels-burg heute führt und sich dabei „ein bisschen als Museums-verwalter" seines 1987 gestorbenen Vaters fühlt, ist nicht nur Wirt und Chef in seiner Ein-Mann-Küche, sondern ein ambitionierter Maler. Und so wird der Besuch der „Eselsburg" immer zum Augenschmaus. Dem Saumagen hat Vater Fritz Wiedemann in seinem Leben als Künstler und Pfälzer ausgiebig gehuldigt. Er hat dem Saumagen

Gestalt gegeben, vielerorts zu bewundern, vor allem in Kallstadt, der Heimat des Saumagens und als Weinlage, zum Beispiel am Ortseingang von Kallstadt, auch auf der Speisekarte des für seinen Saumagen berühmten Weinhauses Henninger (Seite 50). Auch sein Saumagen-Reiter galoppiert in Kallstadt – zu sehen an der Hauswand des renommierten Kallstadter Weingutes Koehler-Ruprecht.

Beide Abb.: © Tochi Ueyama / Kodansha

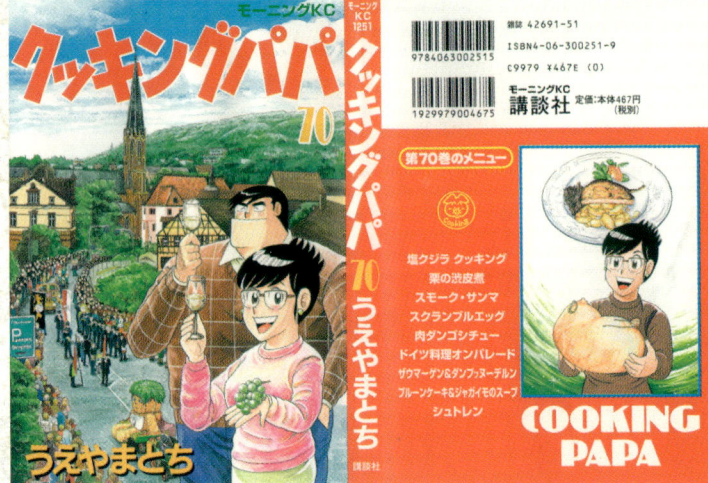

Fritz Wiedemanns Frau Ilse Wiedemann, eine bei allen Stammgästen der „Eselsburg" für ihre Weltläufigkeit und ihren Witz geliebte Frau, die leider im Sommer 2003 verstorben ist, hatte als gebürtige Oberschlesierin nicht das innige Verhältnis zur Pfälzer Küche. Das Pfälzer Kochwissen im Haus Wiedemann stammt aus der Familie der früheren Schwiegereltern von Peter Wiedemann, denn Ex-Schwiegermama Elfriede Roth aus Freisbach, ist Enkelin einer gelernten Pfälzer Köchin. Nach ihrem Rezept wird auch heute noch der Eselsburg-Saumagen zubereitet. Peter Wiedemann ist froh, dass er in Albert Müller, einem Metzger im Ruhestand aus Niederkirchen, einen „Hauslieferanten" hat, der den schwiegermütterlichen Saumagen originalgetreu zubereitet (derselbe alte Metzger liefert auch den Schwartenmagen für den unübertroffenen Schwartenmagensalat in der „Eselsburg". Unbedingt probieren!)

Der Saumagen-Klassiker in seiner besonders beliebten herbstlichen Variante, hat eines schönen Tages Gästen aus Japan besonders gut geschmeckt. Und unversehens war die „Eselsburg" samt Wirt und Keschtesaumagen-Rezept in einem der in Japan so beliebten Comicbücher, einem Manga, gelandet. Hier ist er:

Der Keschte-Saumagen der „Eselsburg"*

Zutaten:

1   großer geputzter Saumagen

1 kg   grobes Bratwurstfüllsel oder Schweinemett

1 kg   mageres Schweinefleisch (z. B. aus der Schulter),
in 1 cm große Würfel geschnitten

1 kg   geschälte, vorgegarte Kastanien

Gewürze:
Salz, Pfeffer, Majoran, Muskat,
Koriander, etwas Piment

1/8 l   Riesling

1   Zwiebel, in Würfel geschnitten

1   Lauchstange, würfelig geschnitten

* den man sogar in Japan kennt:
(und den mein Sohn Jan besonders gern isst)

Zubereitung:

1. Zwiebel und Lauch in Butterschmalz anbraten.

2. Fleisch und alle weiteren Zutaten gut vermengen,

3. würzen, in den Magen füllen, zubinden,

4. in siedendem Salzwasser (80 Grad) 2,5 Stunden garen.

5. Danach etwas abkühlen, in Scheiben schneiden,
beidseitig in Butter anbraten.

Zum Keschtesaumagen reicht Peter Wiedemann kein Sauerkraut, sondern ein Apfel-Rotkraut: In Butterschmalz werden Zwiebelwürfelchen angedünstet, Apfelwürfel kommen dazu, das Ganze wird mit Rotwein abgelöscht. Gehobeltes Rotkraut dazu, samt Lorbeerblatt und einigen wenigen Nelken. Das Ganze gut 45 Minuten kochen, mit Salz und evtl. etwas Weinessig abschmecken.

Und Kartoffelbrei: Salzkartoffeln kochen, gut ausdampfen lassen, mit Butter und heißer Milch zerstampfen, Salz, Pfeffer und Muskat dazu, mit gebräunten Zwiebeln abschmelzen.

Dazu einen der feinen Weine der Eselsburg, wen wundert es da, dass die Gäste dem Lokal die Treue halten. Der älteste Stammtisch kommt immer donnerstags zusammen – seit 37 Jahren regelmäßig. Es ist der Stammtisch der Weinbrüder, – aber inzwischen sind die Weinschwestern, die Witwen, in der Überzahl.

Weinstube „Eselsburg"
Kurpfalzstraße 62 – 67435 Neustadt-Mußbach
Telefon (0 63 21) 6 69 84

Öffnungszeiten: Mittwoch bis Samstag ab 17 Uhr, sonst nach Vereinbarung.

Doch bei aller Liebe zur Eselsburg und zu Mußbach kann es nur eine Saumagen-Metropole geben – und das ist Kallstadt. Dort, wo es den Saumagen auf dem Teller u n d im Glas gibt. Wer den Saumagen in seinen Erscheinungsformen als Gericht und als Getränk erforschen will, den führt der Weg direkt ins Weinhaus Henninger. Die Henningers pflegen den Weinbau seit bald vierhundert Jahren – die eigene Weinwirtschaft gibt's etwa seit 1850.

Zum Pfälzer Saumagen genießt man da Weine aus der Lage Kallstadter Saumagen.

Woher hat sie den Namen? War's die Ähnlichkeit der Geländeformation mit einem prall gefüllten Saumagen? War's die Tatsache, dass da, wo die Weinberge sind, früher eine Sauweide war? Oder war es einfach die Liebe der Kallstadter zum Saumagen? Man kann darüber räsonieren. Tatsache ist: Die Weinberge dieser Lage, in der auch die Familie Henninger begütert ist, sind alle nach Süden ausgerichtet und bringen wuchtige, alkoholreiche Weine. Weine, die es mit dem deftigen, würzigen Saumagen auf dem Teller aufnehmen können. Zum flüssigen Saumagen im Glas isst man im Weinhaus Henninger auch heute noch den Saumagen nach dem Originalrezept von Luise Henninger. Von 1871 bis 1951 hat sie gelebt, ganz alte Pfälzer rühmen noch heute ihre Gastlichkeit und die Qualität ihrer Küche. Und: Luise hatte einen Sinn für Effekte. Ihr Enkel Walter Henninger erinnert sich, dass sie zum Keschtesaumage gern Sekt-Sauerkraut servierte. Das war – natürlich – eigenes Kraut, frisch aus dem Ständer, bestens zubereitet. Kurz vor dem Servieren hat sie eine Sektflasche in den Sauerkrauttopf gestellt, der Sekt übersprudelte das Kraut auf das effektvollste!

Das von Luise und ihrer Tochter Helene aufgezeichnete Saumagen-Rezept wird heute noch in Ehren gehalten im Weinhaus Henninger, das ist Ehrensache für den Enkel von Luise, Wirt Walter Henninger. Sein Vater, der jüngste der sechs Henninger-Kinder, war nach München gezogen, hatte eine Münchnerin geheiratet, ihr Sohn Walter hatte eigene Berufspläne, studierte Volkswirtschaft, Betriebswirtschaft. Doch stets gab es den Kontakt in die Pfalz, stets gab es die Beschäftigung mit dem Wein und schließlich kehrte er in den 50er-Jahren als ambitionierter Weinfachmann nach Kallstadt zurück – ein Re-Import sozusagen, auf dringliches Bitten von Onkel Jean Henninger. Walter Henninger führte erst des Weinhaus, dann auch das Weingut. Der kluge und charmante Pfälzer mit dem Münchner Akzent, ist ein vielgeliebter Wirt, der wunderbar erzählen kann. Seinen Stammgästen tut's Leid, dass er sich nun allmählich zurückzieht. Franz Weber, ein junger Gastronom – seine Familie führt die hochangesehene Burgschänke Neuleiningen, er selbst bringt Erfahrungen aus ersten Häusern mit – wird das Lokal leiten. Mit neuen Ideen, einer modernen Karte, auf der sich in guter Nachbarschaft feiner Fisch, auch mal Spaghetti à la casa und die Klassiker der Pfälzer Küche begegnen. Der alte und der junge Wirt versichern aber, dass es den Saumagen auch weiterhin geben wird, nach dem Originalrezept von Luise Henninger. Nur die Mägen sind heutzutage etwas kleiner, die der Sau wie die der Gäste. Deswegen sind die angegebenen Mengen für heutige Verhältnisse ein wenig üppig. Hier ist er :

Luise Henningers Kallstadter Saumagen

Zutaten:

1 kleiner Saumagen aus frischer Schlachtung (für ca. 12 Personen)

750 g magerer Schweinebauch ohne Schwarte

750 g magerer Schweinevorderschinken ohne Knochen und Schwarte

750 g geschälte Kartoffeln

1 kg feines helles Bratwurstbrät

2-3 eingeweichte Brötchen (wenn der Saumagen besonders zart gewünscht wird)

4-6 Eier

Gewürze:
Salz,
Pfeffer,
Muskat,
Majoran

Zubereitung:

1. Den vom Metzger gut gereinigten Saumagen gut wässern,

2. das Fleisch in 1 cm große Würfel schneiden, ebenso wie die Kartoffeln.

3. Die Kartoffeln in Wasser einmal aufkochen, Fleisch, Bratwurstbrät, Brötchen und Eier gut mischen und mit den Gewürzen abschmecken.

4. Die Masse in den Saumagen füllen, jedoch nicht zu prall, da dieser sonst leicht aufplatzt. Die drei Magenöffnungen abbinden.

5. Nun muss der Magen gut 3 Stunden in heißem Wasser ca. 80 Grad ziehen, keinesfalls darf er kochen. Er muss dabei frei schwimmen und öfter gedreht werden. Danach kurz abtropfen lassen, eventuell (aber nicht unbedingt) knusprig nachbraten.

Der Saumagen wird mit Weinkraut und Bauernbrot serviert. Am besten schneidet man ihn am Tisch in Scheiben und legt vor. Gekrönt wird das Mahl durch Kallstadter Saumagen Riesling im Glas.

Weinhaus Henninger – Weinstraße 93 – 67169 Kallstadt – Telefon (0 63 22) 2 27 72,
täglich geöffnet von 12 bis 21.30 Uhr (zwischen 14.30 und 17.30 Uhr nur kalte Küche).

Allein unter Männern haben Iris Wittmann und Imke Bruns einmal einen spektakulären

Sieg in Sachen Saumagen errungen. Und ihr Saumagen ist als Markenartikel geschützt. Dazu gleich mehr. Die beiden führen in Dirmstein (sechs Kilometer von Frankenthal, sieben von Grünstadt, acht von Worms entfernt) die Weinstube „Petersilie". Die Bezeichnung Weinstube ist etwas untertrieben: Die Karte der „Petersilie" würde manchem Restaurant Ehre machen. Aber: „Ich will meine Gäst' auch noch en weiße Käs' aabiete könne, deswege Weinstub'!", sagt Iris Wittmann. Sie und Imke Bruns sind studierte Ökotrophologinnen, Ernährungswissenschaftlerinnen also. Doch schon im ersten Semester ihres Studiums schmiedeten sie Pläne für ein eigenes Lokal. Die Aufgabenverteilung: Imke, die zurückhaltendere Norddeutsche aus Oldenburg in Oldenburg, kocht; Iris, die temperamentvolle Pfälzerin, bedient, aber jede kann alles, und Konzept, Karte, Rezepturen sind gemeinsame Sache. Ach ja: Spaß sollte es auch machen, den Gästen wie den Wirtinnen. Nach und nach haben die zwei ihr Konzept in Dirmstein verwirklicht. Es gibt immer was Neues auf der Karte, neue Rezepte, die sie von Reisen mitbringen (beispielsweise aus Venetien), Neu-Entwicklungen (wie ein Putello tonnato – Pute mit Thunfischsauce), auch mal ein Quiz über's Essen.

Und wie kommt der Saumagen ins Spiel? Der Ehrgeiz, einen eigenen Saumagen zu entwickeln, kam erst, als sie in ihrem früheren Lokal in Bad Dürkheim eine Reihe von fertigen Saumägen verkosteten. Eine gute Freundin meinte: „Das könnt ihr besser!" Ein halbes Jahr lang haben die zwei experimentiert und verändert, dann stand das Rezept. Das ist 10 Jahre her. In der Zeit gehörte die Lufthansa zu den Abnehmern des Wittmann'schen Saumagens. Und damals wie heute stellt die Bremerhavener Feinkostfirma Köser ihren Saumagen nach dem Rezept der Petersilien-Wirtin her – und hat ihn als Markenartikel schützen lassen. Daher darf Iris Wittmann das komplette Rezept nicht verraten. Aber so in etwa wird er gemacht:

Der Saumagen der „Petersilie"
Zutaten und Zubereitung:

Für ca. 2,5 Kilo Füllung nehme man zu gleichen Teilen mittelgrobes Bratwurstfüllsel, Schweinekamm, Schweinebug, gekochten Schinken, Kartoffeln. Dazu Salz, Pfeffer, Muskat, etwas Majoran, Petersilie, eine Zwiebel. Fleisch, Schinken und Kartoffeln werden in Würfel geschnitten, die Kartoffelwürfel in Fleischbrühe vorgekocht, Zwiebelwürfelchen in Butter geschmelzt. Alles gut vermischen, in den Saumagen füllen, drei Stunden pochieren (bei 80, maximal 85 Grad). Als Beilage bevorzugt Iris Wittmann in Muskateller gegartes Sauerkraut. Im Sommer ist die Saumagenbratwurst besonders gefragt. Sie wird mit

derselben Füllung zubereitet, in einen Wurstdarm gefüllt, kurz in den Rauch gehängt, gebraten und mit Kartoffelsalat als Beilage serviert.

Im Herbst gibt's in der „Petersilie" den Keschtesaumage. Und Imke Bruns freut sich besonders auf den Januar: Dann steht der Saumagen mit Grünkohl auf der Karte. Die Stammgäste haben's schätzen gelernt, und die Köchin aus Oldenburg in Oldenburg fühlt sich mitten in der Pfalz ein bisschen wie zu Hause.

Ach ja: Wie war das alleine unter Männern? Am 15. März 1997 ging's in Paris um die Wurst – beim Internationalen Andouille-Wettbewerb. Die zwei aus der Pfalz waren die einzigen Frauen und haben mit ihrem Saumagenrezept gewonnen. Das war wohl hart für's männliche Ego von Veranstaltern und Konkurrenz. Vielleicht steht deswegen auf der Siegerurkunde „Monsieur Wittmann". Nachzuschauen, nachzulesen im Treppenhaus der

Weinstube „Petersilie"
Schlossgasse 15a – 67246 Dirmstein
Telefon (0 62 38) 41 90

Montag und Dienstag geschlossen, Mittwoch bis Freitag ab 18 Uhr, Samstag und Sonntag ab 16 Uhr geöffnet.

Was hat mein Freund Fridolin moniert: In Pfälzer Lokalen gäbe es den Saumagen nur

scheibchenweise. Das ist die Regel. Hier ist die Ausnahme. Im „Turmstüb'l" in Deidesheim, wenige Schritte von Rathaus und Deidesheimer Hof entfernt, steht er auf der Karte: Saumagen, am Stück im Ofen gebacken, mit deftigem Sauerkraut und Bratkartoffeln, dazu Messer, Gabel und Brett zum Abschneiden und Selbstportionieren. Wer mag, kann sich und seinen Freunden so auch im Lokal ein authentisches Saumagen-Esserlebnis gönnen. Auf Vorbestellung, versteht sich. Sicher: Auf Anfrage tischen auch andere Wirte den kompletten Saumagen auf, aber auf der Karte steht er so sonst nirgends.

Was ist das für ein Lokal, das sich so eindeutig zum Saumagen bekennt? Es ist ein relativ junges und ein gar nicht so betont rustikales. Gegründet haben es 1996 die Eheleute Heinz und Annegret Rau, er Winzermeister und zuvor führend in einer nahen Sektkellerei tätig. Die Raus bauten Großelternhaus und Scheune zu einem bilderbuchschönen Weinlokal um und übergaben es 2002 an den Sohn Volker Rau und seine Frau und Partnerin Veronique Poignonec. Die gebürtige Bretonin und der Betriebswirt, der vorher für eine Krankenhaus-Beratungsgesellschaft tätig war, haben den Entschluss, das Lokal zu übernehmen, „beide noch keine Sekunde bereut".

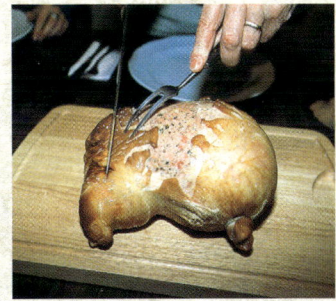  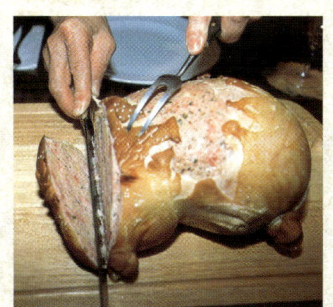 

Kein Wunder bei dem Arbeitsplatz. Ein schöner Innenhof, dann im Lokal eine gelungene Mischung von Pfälzer Landhaus und Pariser Bistro mit Böden aus Terracotta und Holz, die Tische und Stühle Antiquitäten, alte Balken, stimmungsvolles Licht, einen Kronleuchter gibt's auch, und die Wände schmücken farbkräftig-heitere Gemälde von Brigitte Rau, der Schwester des Wirts. Man fühlt sich wohl im „Turmstüb'l",
und was auf den Teller kommt, schmeckt. Koch Jens Ambrosius, aus Leipzig stammend, ist ein ausgewiesener Profi, stilsicher, aber experimentierfreudig, seine Küchenhilfe, Frau Anslinger, ist die Expertin für's Pfälzische, aber auch Experimenten nicht abgeneigt. Sie richtet das

Saumagen-Carpaccio an, hauchdünne Scheiben vom Saumagen im Kunstdarm, mit einer leichten Kerbel-Vinaigrette überzogen. Davon hat man unlängst 50 Portionen in eine Disco geliefert, aber auch Vater Anslinger, 80 Jahre alt, mag diese Saumagen-Variante inzwischen sehr. Und wo kommt er her, der Turmstüb'l-Saumagen? Wirt Volker Rau macht keinen Hehl daraus, dass er ihn vom preisgekrönten Metzger Peter Gütermann in Godramstein bezieht. Schönstes Saumagen-Erlebnis bisher im „Turmstüb'l"? Der runde Geburtstag einer alten Dame: Für die gesamte Verwandtschaft ließ sie Saumagen auftischen, auf dass allen, vor allem den Enkeln und Urenkeln, die Liebe zum Pfälzer Leibgericht erhalten bleibe.

Weinstube „Turmstüb'l"
Turmstraße 3 – 67146 Deidesheim
Telefon (0 63 26) 98 10 81

Täglich geöffnet ab 18 Uhr, an Sonn- und Feiertagen auch Mittagstisch ab 12 Uhr.

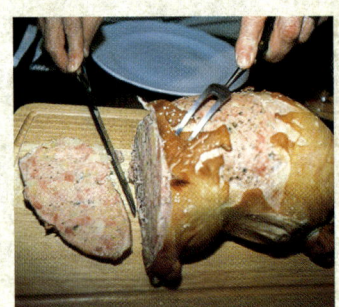 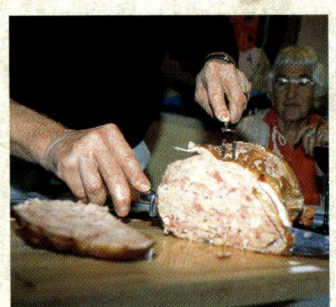  

Und wo ist der vegetarische Saumagen? Nun: Man kann

einen Magen fleischlos füllen, etwa

*mit Kartoffeln, Lauch, Sellerie, Karotten, dazu ausge-
drückte Brötchen, Eier; würzen, füllen, garen. Das kann
man essen. Aber: Wo ein Saumagen ist, war ein geschlach-
tetes Schwein. Und deswegen ist ein vegetarischer Saumagen an sich ein Widerspruch. (Es gibt eine Ausnahme:
Das letzte Rezept im Buch!)*

Das Leben ist zu kurz, um schlechten Saumagen zu essen,
wenn man auch guten bekommen kann. Daher machen
Sie einen Umweg um die Lokale, die sich pfälzisch geben,
aber das eigentlich pfälzische Küchen-Grundprinzip nicht
verstanden haben. Das lautet: Nix besseres wie was Gutes!
Woran erkennt man die eher mäßigen Lokale? Es gibt ein
zuverlässiges Indiz: Sehe ich auf den Tellern der anderen
Gäste die Saumagen-Scheibe dekoriert mit Essig-Paprika
aus dem Glas und einer Orangenscheibe, dann geh' ich
gleich wieder!
Wie hält's die gehobene und die Spitzengastronomie in der
Pfalz mit dem Saumagen? Einige wenige lehnen ihn strikt
ab, viele bekennen sich zu ihm, indifferent bleibt keiner der

besten Köche der Pfalz. Und die Allerbesten lassen sich
vom Saumagen zu neuen Kreationen inspirieren. Der
Restaurantkritiker meines Vertrauens schwärmt von den
Mini-Saumägen, die der Kochkünstler Karl Emil Kuntz
in der „Krone" in Herxheim-Hayna als Gruß aus der Küche
auftischt (Rezept Seite 62), er ist sehr angetan vom Saumagen mit Gänseleber gefüllt, wie ihn Stefan Neugebauer
kreiert hat, der junge Nachfolger von Manfred Schwarz
im Gourmet-Restaurant des Deidesheimer Hofes.Und
Dieter Luther, einer der Lieblingsköche meines Lieblings-
Restaurantkritikers, sieht zwar das Saumagen-Image der
Pfälzer Küche äußerst kritisch, aber auch er steuert ein
Saumagen-Rezept bei. Lassen Sie sich überraschen!

Saumagen–Ideen von Spitzenköchen:

Vorspeisen und kleine Gerichte

Es gibt viele gute Köche in der Pfalz – aber es kann nur einen geben, der der Beste von allen

ist: Karl-Emil Kuntz. 1984 hat er losgelegt im elterlichen Haus, der „Krone" im Herxheimer Ortsteil Hayna, 1985 war er für Gault Millau „Aufsteiger des Jahres" 1986 gab's den Michelin-Stern, der seither zuverlässig über der „Krone" leuchtet – und manche meinen, der zweite Stern wäre lang schon da, wenn die Krone nicht in der Südpfalz, sondern in einer Großstadt stünde. Dann aber wäre Kuntz vielleicht

nicht Kuntz – der „pfälzischste unter den Besten" – so der Restaurantkritiker meines Vertrauens. Übrigens: Laut einer Liste, in die Sterne und Punkte und andere Auszeichnungen einfließen, gehört Kuntz zu den 20 besten Köchen in Deutschland! Wie pfälzisch kocht Kuntz? Nun: Es ist nicht so, dass er im Sterne-Restaurant nur Lewwerknepp un Saumache serviert. Die Küche im Gourmetrestaurant ist berühmt für ihren Reichtum an fein ziselierten Kunstwerken, an Schäumchen, an Crépinettes, an Sorbets, an Variationen vom Fisch, etc. Doch was auch immer der Gast bestellt: Saumagen ist immer dabei! Denn die Saumagen-Würstchen sind Bestandteil des viel geliebten und reichhaltigen Tellers mit Amuse-bouches, den Kuntz im Gourmetrestaurant der „Krone" als „kleinen" Gruß aus der Küche seinen Gästen zukommen lässt. Er meint: „Auch der weit gereiste Gourmet soll schmecken, dass er hier in der Pfalz ist!" Wer von den Saumagen-Würstchen gern eine große Portion hätte, findet sie auf der Karte im regionalen Restaurant der „Krone", in der „Pfälzer Stube". Dort gibt es auch den selbst gemachten klassischen Saumagen. Kinder übrigens, die sonst beim Saumagen eher skeptisch sind,

essen die Saumagen-Würstchen mit Wonne. Und hier ist das Rezept für den Hausgebrauch:

Klein, aber fein: Die Saumagen-Würstchen und dazu köstliches Rieslingcremekraut.

Saumagen-Würstchen

Zutaten:

400 g grobes Fleischbrät (beim Metzger besorgen, es darf ruhig auch ein bisschen Fett drin sein)

350 g gepökeltes, gekochtes und fein gewürfeltes Schweinefleisch (zum Beispiel von der Keule; Kuntz selbst verwendet im Restaurant gepökelte Schweinebäckchen!)

300g gekochte und feingewürfelte Kartoffeln

200 g gewürfelte und angebratene Zwiebeln

50 g gehackte Petersilie

Gewürze:
Salz, Pfeffer, 1 kl. geriebene Knoblauchzehe, Muskat, Piment, Koriander

Die Zutaten sind für 40 sehr zierliche Würstchen bemessen, wie sie Kochkünstler Karl-Emil Kuntz macht; oder für 20 nicht ganz so kleine, für uns Amateure, die wir nicht über die Geschicklichkeit und Feinmotorik eines Sterne-Kochs verfügen.

Zubereitung:

1. *Die Zutaten vermengen, mit den Gewürzen abschmecken und in die dünnen Naturdärme füllen.*

2. *Im Abstand von wenigen Zentimetern abdrehen (= Darm hochnehmen und gegenläufig drehen) oder, was leichter geht: Mit Kordel abbinden.*

3. *In 80 Grad heißem Wasser 20 Minuten garen.*

4. *Vor dem Anrichten kurz in heißer Butter braten.*

Zum Füllen: Dünne Naturdärme (gibt's beim Metzger).

Rieslingcremekraut

Zutaten:

500 g	Sauerkraut
250 ml	Riesling (ein guter, versteht sich!)
200 ml	Wasser
1	kleine Kartoffel, fein gerieben
1	Apfel, in Würfel geschnitten
50 g	feine Zwiebelwürfel
30 g	Schweineschmalz

Gewürze:
1 Gewürzbeutel mit Lorbeer, Wacholder und Nelke (dafür kann man sich ein Mullsäckchen zurechtschneiden oder einen Teefilter nehmen), Salz, Pfeffer

80 g	geschlagene Sahne
20 g	Butter
	Puderzucker

Zubereitung:

1. Die Zwiebelwürfel in heißem Schmalz anbraten.

2. Sauerkraut, Wasser, Riesling, Kartoffeln und Gewürzbeutel dazugeben.

3. Das Kraut weichkochen.

4. Gewürzbeutel entfernen, mit Salz und Pfeffer abschmecken. Je nach Konsistenz noch etwas Wein zugeben.

5. Die Apfelwürfel in Butter anschwenken und mit etwas Puderzucker karamellisieren, zum Kraut geben.

6. Die geschlagene Sahne unterheben.

7. Sauerkraut mit Saumagen-Würstchen anrichten.

Die Weinempfehlung dazu:

2002er Schweigener Sonnenberg Riesling Kabinett trocken aus dem Weingut Fritz Becker in Schweigen.

Hotel-Restaurant „Zur Krone"
Hauptstraße 62-64 – 76863 Herxheim-Hayna
Telefon: (0 72 76) 508-0 – Fax: (0 72 76) 508-14
Email: info@hotelkrone.de – www.hotelkrone.de

Montag und Dienstag mittags geschlossen.
„Pfälzer Stube": Dienstag geschlossen.

Auch klein, auch fein, und sogar als delikate kleine Vor-

speise geeignet im ältesten Gasthaus

der Pfalz, der „Kanne", kommt der Saumagen als Pralinchen daher. Im 12. Jahrhundert gab es die „Kanne" schon, in jüngerer Tradition als Gourmetrestaurant, führt Stefan Stiller das Restaurant „Grand Cru" im Gasthaus zur Kanne weiter, auf Anhieb mit Erfolg.

Grand Cru im Gasthaus zur Kanne
Weinstraße 31 – 67146 Deidesheim
Telefon (06326) 9 66 00 – Fax: (0 63 26) 96 60 17
Email: zurkanne@t-online.de

Der gebürtige Niedersachse hat seine Lehrzeit am Herd schräg gegenüber gemacht, im „Deidesheimer Hof". Und weiß seit dieser Zeit:

„Wer seine Gäste glücklich machen will, kommt in der Pfalz um den Saumagen nicht herum!"

Doch damit auch der Koch seinen Spaß dabei hat, besteht Stiller auch in Sachen

Saumagen auf den Maximen seiner Küche – Kreativität und Verfeinerung. Und bietet uns an:

Die gebackene Pfälzer Saumagen-Praline*

Zutaten:

100 g	Saumagen in dünnen Scheiben, 1,5 bis max. 2 mm dick
100 g	Blutwurst in dünnen Scheiben (dto.)
100 g	Leberwurst in dünnen Scheiben (dto.)
150 g	Kräuter-Panierbrot (aus entrindetem Toastbrot und frischen Kräutern mixt Stiller das würzig-grüne Paniermehl)
2	Eier
4	große Wirsingblätter, weich blanchiert
350 g	Schalotten, in feine Streifen geschnitten
1 l	Spätburgunder
150 g	kleine Pfifferlinge
100 ml	Kalbsjus
50 g	Butter

Gewürze:
Salz,
Pfeffer,
Zucker.

Zubereitung:

1. Vom Saumagen, Wirsing, Blut- und Leberwurst mit einem Ausstecher Kreise im ∅ von ca. 6 cm ausstechen.

2. Diese jeweils so zusammensetzen, dass zuerst Saumagen, dann Wirsing, Blutwurst, Leberwurst und dann wieder Wirsing und Saumagen aufeinander folgen.

3. Diese kleinen Türmchen etwas zusammenpressen, anschließend in Mehl wenden, mit dem Ei und der Kräuterpanade gleichmäßig panieren.

4. Die Schalotten in einem Topf mit dem Rotwein, etwas Salz und Zucker so lange kochen lassen, bis der Wein einreduziert ist. Die Schalotten dann mit Salz, Pfeffer und wenig Butter abschmecken.

5. Die Türmchen oder Pfälzer Pralinen nun in Butter gleichmäßig von allen Seiten braten, bis sie knusprig sind und etwas Farbe angenommen haben. Anschließend im vorgeheizten Backofen bei 180° nochmals 5 Min. erwärmen.

6. Die Rotweinschalotten auf den Tellern anrichten, die Praline daraufsetzen, mit sautierten (= in heißer Butter kurz gebratenen) Pfifferlingen, etwas Kalbsjus und nach Wunsch Kaiserschoten (= feinste Erbsen in der Schote) garnieren.

Saumagen und Hausmacher-Wurst bezieht Stiller beim Metzger seines Vertrauens: Klaus Hambel in Wachenheim.

Die Zutaten sind für vier Personen bemessen.

* begleitet von Spätburgunder-Schalotten und Pfifferlingen.

Den Saumagen lernte er wie sein Mit-Badener Dieter Luther beim Kollegen Norbert Kohnke in

Kallstadt schätzen. Für die Wildsaison bietet er uns an: Einen herbstlichen, kräftig gewürzten:

Die Pfälzer Mundart beherrscht er nicht, aber die Pfälzer Lebensart. Utz Überschaer, mit

seiner Frau Susanne Überschaer Gastgeber in der wunderschönen „Alten Pfarrey" in Neuleiningen, ist und bleibt dialektresistent. Der gebürtige Badener kocht nun schon gut 30 Jahre in der Pfalz – auf feine, dabei durchaus pfälzische Art, denn seine Küche ist kraftvoll und dabei robust! Beispielsweise hat er schon lange, bevor das schick wurde, Blutwurst in Strudelteig-Päckchen gepackt.

Frischlingssaumagen mit Quittenstrudel mit einer Hagebuttensauce

Frischlingssaumagen mit...
Zutaten und Zubereitung:

Eine Vorspeise für 4 bis 6 Personen:

1. 0,5 kg Schulter oder Nacken vom Frischling in kleine Würfel (ca.1,5 cm) schneiden und 12 Std. in folgender Beize ziehen lassen:

2. ½ l Spätburgunder mit 0,5 kg kleingeschnittenem Suppengemüse, 4 Knoblauchzehen, einigen zerdrückten Pfefferkörnern, Wacholderbeeren, Nelke, Lorbeerblatt, 1 Esslöffel Salz und 1 Teelöffel Pökelsalz 30 Min. leise köcheln lassen, vom Feuer nehmen.

3. 10 g schwarzen Tee im Beutel hineinhängen, 1o min. ziehen lassen, Teebeutel entfernen, Beize, wenn sie erkaltet ist, über die Fleischwürfel geben.

4. 0,5 kg Frischlingsrücken zu einem feinen Brät verarbeiten (Küchenmaschine, Kutter), mit Salz, Pfeffer, Muskat würzen, ein Eiweiß dazugeben, ziehen lassen.

5. 150 g grünen Speck (vom Hausschwein) in feine Streifen schneiden, glasig braten und drei mittelgroße gewürfelte Zwiebeln dazugeben, ebenfalls glasig schwitzen lassen, vom Feuer nehmen.

6. 2 Esslöffel frischen Majoran, einen Esslöffel frischen Thymian und 5 Esslöffel gehackte Petersilie in die Pfanne mit den Speck-Zwiebeln geben, und das alles mit

7. 250 g gewürfelten Kartoffeln (ca. 1x1cm) vermischen.

8. 250 g graue Bucheckern (Lieblingsspeise übrigens auch der Wildsau; wenn Sie keine Bucheckern bekommen, dürfen es auch Pinienkerne sein) in 20 g Salzbutter und einem Teelöffel Zucker anglänzen und mit etwas Brühe ca. 15 Min. dämpfen, anseihen.

9. Auch Fleischwürfel abseihen und trockenrütteln, mit Brät vermischen, 3 Eigelb, 4 Eiweiß zugeben, Kartoffelwürfel und Bucheckern einarbeiten, mit etwas Fleischbrühe einen geschmeidigen Teig herstellen.

10. Locker in vorbereiteten Magen füllen (das darf ein etwas kleinerer vom Hausschwein sein, beim Metzger besorgen), alle drei Öffnungen mit Wurstkordel zubinden und ca. 3 Std. bei 85 Grad im Salzwasser ziehen lassen.

Utz Überschaer schlägt vor, den Saumagen direkt aus dem Sud zu Tisch zu bringen. Wer ihn aber lieber scheibchenweise gebraten mag, sollte ihn erkalten lassen, aufschneiden und in Butter zartgold braten.

...Quittenstrudel

Zutaten und Zubereitung:

1. Für den Quittenstrudel 2 große Quitten schälen und entkernen.

2. Das Fruchtfleisch in kleine Würfelchen (ca. ½ cm) schneiden und

3. in 0,1 l lieblicher Scheurebe dünsten, abtropfen und

4. mit einem Schuss Quittenschnaps vermengen.

5. Strudelteig (selbst gemacht oder aus der Tiefkühltruhe) papierdünn ausziehen.

6. Semmelbrösel und geriebene Haselnüsse in trockener Teflonpfanne leicht anrösten,

7. dünn über 2/3 des Teiges verteilen, die Quitten ebenso verteilen.

8. Strudel aufrollen, auf ein gefettetes Backblech setzen, mit Eigelb bestreichen und

9. bei 170 Grad 25 Min. knusprig backen.

Für die Hagebuttensauce im Reformhaus oder im Feinkostladen Hagebuttencoulis (=Mark) besorgen, großzügig unter einen Kalbsfond ziehen, mit Muskat, Koriander und etwas abgeriebener Orangenschale würzen.

Und dann das Einfachste vom Ganzen: Essen!

Die Weinempfehlung dazu:

Ein trockener Riesling des Jahrgangs 2002 aus dem Weingut Wilker in Pleisweiler Oberhofen.

„Alte Pfarrey"
Untergasse 54 – 67271 Neuleiningen
Telefon: (0 63 59) 8 60 66 – Fax: (0 63 59) 8 60 60

Montag und Dienstag Ruhetag

„Bei uns ist der Saumagen (Senior-) Chefsache!" Das sagt Andreas Bold, Küchenmeister in

Bold's Hotel-Restaurant „Zum Grünen Kranz" in Rodalben. Und meint mit dem Chef seinen Vater Günter Bold. Vater und Sohn wollen deftige Pfälzer Gerichte anbieten, aber auch Feinschmecker zufrieden stellen. Und so ist der „Grüne Kranz" beides in einem: Eine richtig gute Pfälzer Gastwirtschaft und ein Restaurant mit Ambition.

Ein Magazin fand dafür die Bezeichnung „Westpfälzer Spagat". Und das, was Andreas Bold aus dem Saumagen vom Vater macht, ist das beste Beispiel

dafür, wie gut der gelingt. Sie macht ziemlich viel Arbeit, aber sie schmeckt köstlich die

Saumagen-Terrine vom „Grünen Kranz"

Kartoffelmantel

Zutaten und Zubereitung:

½ l Kartoffelsamtsuppe mit Majoran-Julienne (das ist hauchfein geschnittener oder gezupfter Majoran)

6 Bl. Gelatine

(Wie macht man die Samtsuppe? Lauch- und Zwiebelwürfelchen anschwitzen, Kartoffelwürfel dazu, mit Brühe auffüllen, weichkochen, passieren. Etwas Sahne dazugeben, mit Salz, Pfeffer und Muskat abschmecken. Am besten Sie kochen einen großen Topf dieser Samtsuppe, messen einen halben Liter ab und essen den Rest auf!)

Die Saumagen-Terrine wird zubereitet mit Saumagen und Suppenfleisch-Scheiben, umhüllt von einem Kartoffel-Majoranmantel und serviert mit blanchierten Schalotten (Frühlingszwiebeln) in Gemüsevinaigrette.

Das Rezept ist berechnet für eine Terrinenform mit einem Liter Inhalt und reicht als Vorspeise für 10 Personen.

Die Gelatine in kaltem Wasser einweichen (wenige Minuten reichen). Dann gut ausdrücken und in die heiße Samtsuppe samt Majoranjulienne geben. Diese Masse auf ein mit Klarsichtfolie ausgelegtes Blech geben – die Folie sollten Sie vorher passend zur Terrinenform zuschneiden: Sie muss die Form ausfüllen und auch überlappen, denn die Kartoffelmasse soll am Ende die Füllung ganz und gar umhüllen. Am besten, Sie schneiden das Stück Folie samt Kartoffelmasse, das den Deckel bilden soll, aus und legen es beiseite. Die Masse auf dem Blech im Kühlen etwas stocken lassen. Wenn sie fest ist, mit dieser Folie die Terrinenform auskleiden. Der „Deckel" kommt später drauf.

Die Weinempfehlung dazu:
2001er Burrweiler Weißburgunder Kabinett trocken aus dem Weingut Herbert Meßmer

Füllung und Vinaigrette

Zutaten und Zubereitung:

Füllung:

120 g Saumagen, in Scheiben geschnitten

100 g gekochte Ochsenbrust, auch in Scheiben

1/2 l heiße Fleischbrühe

6 Bl. Gelatine

Die Gelatine einweichen, ausdrücken, in der heißen Fleischbrühe auflösen. Wenn die Brühe zu stocken beginnt, abwechselnd Saumagenscheiben, Suppenfleischscheiben und Brühe in die mit der Kartoffelmasse ausgelegte Form geben. Und mit dem „Deckel" aus Kartoffelmasse bedecken. Diese Terrine mindestens 6 Stunden oder aber über Nacht kühl stellen, damit sie fest wird.

Vinaigrette für die blanchierten Schalotten (Frühlingszwiebeln):

je 1 El feine Würfelchen von Karotten, Sellerie, Schalotten und Lauch (Brunoise nennt man das)

10 cl Distelöl

2 El Rotweinessig

Salz, Pfeffer aus der Mühle, Zucker

Die Vinaigrette verrühren. Zu den blanchierten Frühlingszwiebelchen geben. Zur Dekoration eine enthäutete Strauchtomate, Frisee- und Majoranspitzen auf den Teller verteilen.

Terrine stürzen, Folie abziehen, mit dem Elektromesser in 10 bis 12 Scheiben schneiden. Pro Teller eine Scheibe anrichten – mit dem gemüsigen Schalottensalätchen.

Bold's Hotel-Restaurant „Zum Grünen Kranz"
Pirmasenserstraße 2 – 66976 Rodalben
Telefon: (0 63 31) 2 31 70 – Fax: (0 63 31) 23 17 30
Email: info@BoldsKranz.de – www.BoldsKranz.de

Donnerstag Ruhetag, Dienstag ab 17 Uhr geöffnet, an allen anderen Tagen von 11 bis 14 und von 17 bis 22 Uhr

Wie im Leben, so gilt auch auch in der Küche der Grundsatz: Wer kann, der darf! So darf

man beispielsweise eines keinesfalls: den Saumagen mit Fisch zubereiten. Das ist die Regel. Hier kommt die Ausnahme, von einem, der als gediegener Pfälzer saumagenerfahren ist und dessen Lokal in Neupotz einen besonders guten Ruf wegen seiner Fischgerichte hat.

„Saumagen und Zander – das harmoniert wunderbar!", sagt Manfred Kreger vom Gasthaus „Zum Lamm" in Neupotz, „man kann sich das gar nicht vorstellen, man muss es erlebt haben!" Dabei ist Kreger eigentlich kein Küchen-Revolutionär. Der Restaurantkritiker meines Vertrauens charakterisiert ihn so: Er sei ein Koch ohne Dünkel, der ganz gediegen arbeite, das Kochen liebe,

sehr auf die Qualität seiner Produkte achte. Lassen wir uns überraschen vom Neupotzer:

Zander-Kartoffel-Biskuit im Saumagenmantel

Zutaten und Zubereitung:

Saumagenscheiben liefern die Hülle für den Zander, der sich's mit Kartoffelwürfelchen in einem luftigen Biskuit gemütlich macht. Für die Zubereitung dieser Vorspeise oder dieses Zwischengerichts – bemessen für 4 Personen – ist etwas Basteltalent ganz nützlich.

Und so wird's gemacht:

1. 200 g Zanderfilet – in 1 cm große Würfel schneiden und mit Salz und Zitrone würzen.

2. 1 kleine Kartoffel schälen, in kleine Würfel schneiden, im Salzwasser blanchieren und anschließend auf einem Tuch abtrocken lassen.

3. Saumagen (beim Metzger Ihres Vertrauens gekauft oder selbst gemacht) in lange Scheiben schneiden (ca. 20 cm lang, 5 cm breit, 3 mm dick)

4. 4 Metallringe von ca. 7 cm Durchmesser und 5 cm Höhe mit Butter ausstreichen und mit den Saumagenstreifen auskleiden. (Wer solche Ringe nicht hat, kann auch Backförmchen benutzen, dann die Saumagenscheiben so schneiden, dass sie gut in die Form passen. Wichtig ist nur: Die Scheiben müssen dünn sein!).

Für den Biskuit:

1. 1 Ei und 2 Eigelb mit 1 EL Wasser im Wasserband schaumig aufschlagen.

2. 20 g Kartoffelmehl und 20 g Weizenmehl unterheben,

3. 10 g flüssige Butter dazugeben, mit Salz, Muskatnuss (gerieben) und etwas frischem Majoran abschmecken.

4. 1 Eiweiß zu Schnee schlagen und zusammen mit den Zanderfilet- und den Kartoffelwürfeln unter die Biskuitmasse heben.

5. Die Saumagenförmchen oder -Ringe auf ein Backblech mit Backpapier stellen, mit dem Zander-Kartoffel-Biskuit füllen. In den vorgeheizten Backofen (170 Grad) stellen und 20 Minuten backen.

Den fertigen Zander-Kartoffel-Biskuit im Saumagenmantel anrichten mit einer Soße aus etwas Fischfond, Sahne und körnigem Pfälzer Senf.

Dazu passt Bohnengemüse.

Die Weinempfehlung von Manfred Kreger:
Ein 2001er Leinsweilerer Sonnenberg, Weißburgunder
Kabinett, aus dem Weingut Siegrist in Leinsweiler.

Gasthof „Zum Lamm" Restaurant-Gästehaus
Hauptstraße 7 – 76777 Neupotz
Telefon: (0 72 72) 28 09 – Fax: (0 72 72) 7 72 30
www.gasthof-lamm-neupotz.de

Dienstag Ruhetag, an Sonn- und Feiertagen bis 14 Uhr geöffnet.

Wir bauen noch ein Sau-magentürmchen, Baumeister ist diesmal Matthias Goldberg vom

„Sonnenhof" in Siebeldingen. In den schönen Räumen des Jugendstilhauses (und im Sommer unter'm Nussbaum) genießen die Gäste seit gut zehn Jahren Feines wie Jakobs-muscheln, Pot-au-feu von Edelfischen, Wachteln – aber auch immer wieder dazwischen mal Saumagen. Wenn wir ehrlich sind, wollen wir ja beides, häppchenweise genießen und uns den Bauch voll schlagen.

„Zwischen Raffinesse und Heißhunger schafft der Sauma-gen spannende Kontraste!" sagt Küchenchef Matthias Goldberg. Und bietet, raffiniert wie er ist, den Saumagen in kleiner Dosis an, als Vorspeise oder Zwischengericht. Auf der Tageskarte behauptet sich beispielsweise die Scheibe vom hausgeräucherten Saumagen auf Rahmlauch. Den Saumagen – speziell für den Sonnenhof – liefert Metzger Gütermann aus Godramstein (Seite 35), eine Zusammen-arbeit, die beiden, dem Koch

wie dem Metzger, Freude macht und beide zu neuen Ideen inspiriert. So eine neue Kreation sind:

Die knusprigen Saumagentürmchen

...begleitet von Blattsalaten in feiner Schalottenvinaigrette.

Die Türmchen werden gestapelt aus Saumagenscheibchen im Tempurateig und einer Art von Kartoffelrösti. Deswegen sind die wichtigsten Zutaten der als Vorspeise für sechs Personen bemessenen Rezeptur:

Zutaten:

5 mittelgroße rohe Kartoffeln, grob gerieben

1 Saumagen – nicht im Magen, sondern im Naturdarm: ca. 25 cm lang, 4,5 cm im Durchmesser. Vom Metzger geräuchert.

Tempura-Teig:

50 g Mehl

50 g Mondamin

1 Päckchen Backpulver

Zubereitung:

1. Mit kaltem Wasser anrühren.

2. Grob geriebene Kartoffeln auspressen, mit Pfeffer und Salz würzen, etwas Eiweiß zugeben, wie dünne Rösti knusprig ausbacken.

3. Saumagen in ca. 1,5 mm dünne Scheiben schneiden, durch Tempurateig ziehen und im schwimmenden Fett ausbacken.

4. Gebackenene Saumagenscheiben und passend zur Größe der Scheiben ausgestochene Rösti wechselweise zu insgesamt 6 Türmchen stapeln.

Zutaten:

Salatmarinade:

2 feingewürfelte Schalotten

0,3 l Geflügelfond

0,2 l Traubenkernöl (der Sonnenhof bezieht es von der kleinen Ölmühle Timrott in Landau-Ilbesheim)

5 cl Muskateller Essig (vom Essigmacher Wiedemann, Doktorenhof in Venningen)

Weinempfehlung:
2002er Riesling Kabinett Gleisweiler Hölle vom Weingut Theo Minges, Flemlingen.

Zubereitung:

1. Schalotte anschwitzen, mit Geflügelfond angießen, um die Hälfte reduzieren.

2. Essig zugeben, auskühlen lassen. Mit Traubenkernöl sämig aufmontieren.

Auf große Teller am Rand richten Sie die Salatblätter (Rukola, Frisee, Radiccio, Chicoree, Feldsalat) und Kirschtomate im Kreis an – marinieren mit der Schalotten-vinaigrette, in die Mitte kommt der Saumagen-Rösti-Turm!

Wer nicht das ganze Türmchen bauen will: Tipp vom vierfachen Vater Goldberg. Die Saumagenscheibchen im Tempurateig schmecken auch allein und kommen als Chips-Alternative zusammen mit dem feinen Salat bei Kindern sehr gut an!

Sonnenhof Restaurant-Hotel
Mühlweg 2 – 76833 Siebeldingen
Telefon (0 63 45) 33 11 – Fax: (0 63 45) 53 16
Email: info@soho-siebeldingen.de – www.soho-siebeldingen.de

Geöffnet von 12 bis 14 Uhr und von 18 bis 22 Uhr. Mittwoch nur ab 18 Uhr. Donnerstag Ruhetag.

Hauptgerichte: Saumagen satt!

„Ich liebe die Abwechslung – auch in Sachen Saumagen!",

sagt Alexander Hundt, Küchen-
meister im Restaurant Admiral, in Weisenheim am Berg.
Das Restaurant trägt seinen Namen zu Recht, denn das
Haus war Sommersitz des Geheimen Admiralitätsrates Dr.
Georg von Neumayer, gebürtiger Pfälzer, bedeutender
Ozeanforscher. Seit dem 1. Dezember 1998 lädt Familie
Hundt-Rupprecht ihre Gäste ins „Admiral" ein – und bietet
eine (siehe oben) ideenreiche Küche.

Für Alexander Hundt, der aus dem Bergischen Land in
die Pfalz kam, war der Saumagen fremd. Aber die erste
Begegnung hat er in guter Erinnerung, denn sie geschah
in der Saumagen-Hochburg: Im „Deidesheimer Hof". Da
hat Hundt als Küchenchef gearbeitet, hat viele Saumagen-
Variationen ausgetüftelt – nun wird im eigenen Haus
weiterexperimentiert. Der Saumagen steht nicht immer auf

der Karte, aber immer wieder. Der

folgende kam bei den Gästen be-

sonders gut an: Hier ist der

Saumagen des Admiral
– mit Speck und Käse gefüllt.

Zutaten:

1 fertiger Saumagen (vom Metzger zusätzlich mit Käsewürfeln und Dörrfleisch gefüllt)

1/2 Kopf Weißkohl, Karotten, Kohlrabi und Lauch

250 g mehlige Kartoffeln

100 ml Milch

30 g Butter

75 g Mehl

2 Eier

Schmalz, Salz, Pfeffer, Muskat,

Kalbsjus (dunkler Bratensaft)

Der Saumagen wird auf geschmortem Weißkohl gereicht und von Kartoffelkrapfen begleitet. Ein Hauptgericht, bemessen für 6 Personen:

Zubereitung:

1. Die Kartoffeln schälen und in Salzwasser weich kochen. Abschütten und im vorgeheizten Backofen ausdämpfen. In warmem Zustand durch eine Kartoffelpresse drücken, mit Salz und Muskat würzen und abkühlen lassen.

2. Währenddessen die Milch mit Butter, Salz und Muskat zum Kochen bringen.

3. Nun nach und nach das Mehl dazugeben, bis die Masse eine sämige, feste Konsistenz hat.

4. Mit den Eiern auf kleiner Flamme unter ständigem Rühren „abbrennen", bis sich die Masse vom Rand löst. Diese Masse unter die abgekühlte Kartoffelmasse geben.

5. Aus der Masse mit einem geölten Löffel Nocken abstechen und in einer Fritteuse goldgelb ausbacken. Auf einem Küchentuch abtropfen lassen und vor dem Servieren salzen.

6. Aus dem Weißkohl den Strunk entfernen, und die einzelnen Blätter in mundgerechte „Fetzen" reißen. Das Gemüse putzen und in feine Würfel schneiden.

7. Nun etwas Schmalz in einem Topf auslassen, und erst den Weißkohl und dann das Gemüse darin anschwitzen. Mit Weißwein ablöschen, mit einem Kalbsjus angießen und bei mäßiger Hitze weich schmoren.

8. Den Saumagen in ca. 1cm dicke Scheiben schneiden und in Öl von beiden Seiten etwa eine Minute braten.

9. In der Tellermitte den Weißkohl anrichten, die Saumagenscheiben obenauf legen, die Kartoffelkrapfen außen herum auflegen und mit dem Jus umziehen.

Die Weinempfehlung dazu:
Ein frischer, junger Riesling aus der Pfalz.

Restaurant Admiral
Leistadter Straße 6 – 67273 Weisenheim am Berg
Telefon (0 63 53) 41 75 – Fax: (0 63 53) 98 93 25
Email: gast@restaurant-admiral.de – www.restaurant-admiral.de

Montag und Dienstag Ruhetag, Mittwoch bis Samstag ab 18 Uhr geöffnet,
Sonntag und an Feiertagen von 12 bis 14 und ab 18 Uhr geöffnet.

„Wir holen die Toskana in die Pfalz!" Es ist nicht der schlechteste Vorsatz, den man im

Restaurant des luxuriösen Hotels Binshof bei Speyer gefasst hat. Aber Toskana und Saumagen? Wie soll das zusammengehen? Küchendirektor Sascha Fassott, der im „Da Gianni" in Mannheim gelernt hat und die itaienisch-mediterrane Küche liebt, hat sich das Kunsstück vorgenommen: er packt den Saumagen einfach in einen (recht üppigen) Nudelteig ein – ob das wirklich so einfach ist, werden Sie

beim Nachkochen erleben. Daraus nun zu schließen, daß man im Restaurant den Saumagen versteckt, wäre falsch. Schließlich wollen gerade die weitgereisten Gäste wissen, was es mit dieser legendären Spezialität aus der Pfalz so auf sich hat. Sie bekommen den Sau-

magen in kleinen, feinen Portionen. Zum Beispiel als getrüffeltes Saumagentörtchen oder als

Restaurant „Salierhof" im Lindner Hotel & Therme Binshof
Binshof 1 – 67346 Speyer
Email: info.binshof@lindner.de – www.lindner.de
Öffnungszeiten täglich (kein Ruhetag)
von 12 – 14.30 h und von 18.30 – 22 h.

Ravioli vom Saumagen
auf Pfifferlingragout mit Majoranschaum.

Zutaten und Zubereitung:

Nudelteig:
500 g Mehl, 15 Eigelb, 100 ml Olivenöl, Salz, Safran zum Färben, Hartweizengrieß für später zum Ausrollen.

Füllung:
4 Scheiben Pfälzer Saumagen (je Scheibe 125 g)

Die 4 Saumagen-Scheiben mit einem kleinen runden Aus-stecher so ausstechen, dass pro Scheibe 4 „Medaillons" entstehen. Diese kurz anbraten und kaltstellen.

Majoranschaum:
1 kleiner Bund Majoran, je 1 Schalotte und Knoblauchzehe – beides feingewürfelt, 20 g Butter, 0,5 l Geflügelbrühe, einige blanchierte und ausgedrückte Spinatblätter (Farbe!), 50 g creme fraiche, 0,1 l Sahne, 30 g Butterflocken, Salz, Pfeffer.

Majoran zupfen, Stiele mit Schalotten- und Knoblauch-würfelchen in etwas Butter anschwitzen. Mit Geflügelfond ablöschen, mindestens um die Hälfte reduzieren. Den Fond durch ein feine Sieb passieren, mit Creme fraiche und der Sahne verfeinern. Kurz vor dem Anrichten mit Majoran-blättern, Butterflocken und Spinat schaumig pürieren (Zauberstab). Mit Pfeffer und Salz würzen.

Pfifferlingsragout:
200 g kleine Pfifferlinge, 1 Schalotte, 1 Knoblauchzehe, 4 Scheiben Speck – alles in kleine Würfel geschnitten, 30 g Gemüsebrunoise (=ganz feine Würfelchen von z.B. Karotten, Sellerie und Lauch), 0,1 l Pfifferlingfond, Traubenkernöl zum Anbraten, Salz, Pfeffer aus der Mühle, 2 Tomaten (würfelig geschnitten), 1 Bund Frühlingslauch.

Die Pfifferlinge mit Traubenkernöl scharf anbraten, Speck-Zwiebel-Knoblauchwürfelchen dazugeben und anziehen lassen. Danach Gemüsewürfelchen dazu, mit Pfifferlings-fond ablöschen, kurz köcheln lassen, mit Salz und Pfeffer abschmecken, vor dem Anrichten mit Tomatenwürfeln und Frühlingslauch verfeinern.

Ravioli zubereiten:
Den Nudelteig mit Hartweizengrieß dünn ausrollen (wer hat, verwende eine Nudelmaschine), eine Hälfte mit den Saumagenmedaillons belegen. Um die Medaillons herum die Klebestellen mit Eigelb bestreichen, dann zweite Hälfte des Nudelteigs umklappen auf die Medaillon-Seite. Mit größerem Ausstecher runde Ravioli ausstechen, mit den Fingern leicht ringsherum andrücken, damit sie beim Kochen geschlossen bleiben. Ablegen auf ein Tuch, das mit Hartweizengrieß bestreut ist, damit die Ravioli nicht anhängen. In Salzwasser mit Olivenöl 2-3 Minuten garen und mit den restlichen Zutaten anrichten.

Ein Hauptgericht – Rezeptur berechnet für 4 Personen.

Die Weinempfehlung dazu:
Ein Pfälzer Riesling, etwa vom Deidesheimer Weingut Reichsrat von Buhl

„Hat der Saumagen gemundet, königliche Hoheit?"

Die Welt weiß, dass es den Saumagen gibt, seit Helmut Kohl in seiner Zeit als Bundeskanzler Staatsober- und gekrönte Häupter wie auch hochrangige Politikerinnen und Politiker nach Deidesheim in den „Deidesheimer Hof" einlud. Da gab's dann immer Pfälzisches auf die feine Art, sehr oft Markklößchensuppe und fast immer war Saumagen mit im Spiel. Im Gästebuch auf altem elfenbeinfarbenem Bütten haben sich alle Prominenten verewigt . Und ich gestehe: Es beeindruckt mich, den Brief aus Nummer 10, Downing Street zu lesen – The Prime Minister sendet dem damaligen und langjährigen Küchenchef, Sternekoch Manfred Schwarz, „warm gratitude for producing such fine examples of the best of traditional German cooking". Dabei hat man doch immer behauptet, der Saumagen habe Maggi Thatcher nicht geschmeckt! Hat sie geschwindelt? Marion Post, die seit 1983 im Service arbeitet, weiß es genau: „Na ja, Frau Thatcher hat eher mit dem Essen gespielt, kaum was gegessen!" Aber den meisten anderen Staatsgästen habe es ganz offensichtlich gut geschmeckt, Nachschlag gab's oft und für Helmut Kohl immer! Übrigens: Die Frage „Hat's geschmeckt?" war verpönt: „Nie die Staatsgäste ansprechen", lautete die Anweisung von den Protokollleuten. Doch einige hohe Herren und Damen hätten von sich aus gesagt, dass es fein gewesen sei. Marion Posts Lieblingsgäste aus dieser Zeit: zwei Frauen, die beide nicht mehr leben: Hannelore Kohl („Sie war sehr oft da, hat aber keinen Saumagen gegessen, sondern lieber Fisch!") und Raissa Gorbatschowa („Sie hat uns vom Service mal als Dankeschön ein Pralinéschächtelchen geschenkt!") Trinkgeld gab keiner der Staatsgäste, dafür aber andere Promis – Udo Jürgens ist bei Marion Post in guter Erinnerung, und der als ein bisschen flegelig geltende Heiner Lauterbach bedankte sich schriftlich und höflich für die „liebenswürdige Bedienung"!

Zurück zu den Staatsgästen: Hanns-Georg Hahn, der heute mit seiner Schwester Luisa Hahn das Haus leitet, erinnert sich besonders gern an das spanische Königspaar Juan Carlos und Sofia. Beide waren vom „zartgeräucherten Saumagen auf Rahmsauerkraut mit Schupfnudeln" begeistert: „Die Königin hat der Küche ihr Kompliment in perfektem Deutsch gemacht!", erzählt der junge Chef. Auch Boris Jelzin, der Präsident der Russischen Föderation, sei ein angenehmer Gast gewesen, so trinkfest wie erwartet, sehr freundlich – auch er kam in die Küche und hat sich bedankt. Spannend immer das Drumherum: Eine Woche bevor Gorbatschow kam, kamen die Männer des KGB, legten eigene Telefonleitungen – das rote Telefon in Deidesheim! Gewöhnungsbedürftig waren auch die Vorkoster des Präsidenten: „Die kamen in die Küche und probierten jeden Bissen vorher!" erinnert sich Hanns-Georg Hahn. Seine Mutter Anita Hahn bat die Begleitmannschaft des Präsidenten, doch im Restaurant ihre schweren Jacken auszuziehen. Die Beschützer schüttelten den Kopf und ließen Frau Hahn fühlen: Unter den Jacken waren die Kalaschnikoffs verstaut. Diese spannenden Zeiten endeten mit dem Ende von Helmut Kohls Kanzlerschaft – doch prominente Gäste finden nach wie vor den Weg in die beiden Restaurants des Deidesheimer Hofs. Und ein Tisch links im Sankt Urban-Restaurant, dort wo ein Foto von Helmut und Hannelore Kohl an der Wand hängt, ist reserviert für den Stammgast aus Oggersheim!

Der Saumagen und der Deidesheimer Hof – die zwei sind nicht zu trennen. Und das ist nicht nur

wegen der vielen Staatsgäste so, die hier das Pfälzer Leibgericht aufgetischt bekommen haben: Die Familie Hahn ist in Sachen Pfälzer Küche erblich vorbelastet. Man besaß eigene Weinberge, eigene Schlachtung, buk eigenes Brot – und verbreitete Pfälzer Gastlichkeit in ganz Deutschland: Der Urgroßvater gründete schon 1921 eine Filiale, eine Pfälzer Weinstube in Berlin, im Laufe der Zeit kamen immer mehr Filialen unter dem Markenzeichen „Hahnhof" dazu – am Ende waren es 18 in Frankfurt, in München und anderswo. Überall gab's zum Wein Brot und Butter umsonst, ein Umstand, an den sich ältere Herrschaften noch heute gern erinnern. Der Saumagen war immer Bestandteil des Hahnhof-Angebots. Um eine lange Geschichte abzukürzen: Der Hahnhof geriet in Finanzprobleme, aber nach wie vor gibt's den Deidesheimer Hof als Hort einer pfälzisch-noblen Gastlichkeit. Spitzenkoch Manfred Schwarz hat das Haus verlassen. An seiner Stelle wirkt nun im Kellergewölbe im Gourmetrestaurant „Schwarzer Hahn" ein sehr junger Koch: Stefan Neugebauer, der schon bei Heinz Winkler in Aschau und Dieter Müller in Bergisch-Gladbach gearbeitet hat und dem der Restaurantkritiker meines Vertrauens Großes zutraut.

Im „Schwarzen Hahn" hat der Saumagen seinen Auftritt als exquisite Kleinigkeit – Saumagen-Türmchen mit Backpflaumen auf geräuchertem Sauerkraut etwa oder als Saumagen mit Gänseleber-Füllung. Im Restaurant St. Urban pflegt man die Pfälzer Küche auf hohem Niveau. Und da geht nix ohne Saumagen: Küchenchef Michael Alberti sagt:

„Wir erfinden den Saumagen immer wieder neu!"

Den Saumagen bezieht der „Deidesheimer Hof" vom erfahrenen Saumagen-Metzger Hambel. Mit Klaus Hambel hat Michael Alberti einen speziellen

Schnecken-Saumagen ausgetüftelt. Der steht im Mittelpunkt des folgenden Gerichts:

Ein Saumagen mit Schnecken drin
und Kräutern drumherum

Er wird begleitet von Aprikosen-Rahmkraut und einer Kartoffel-Feige, ein Hauptgericht für 4 Personen.

Schneckensaumagen

Zutaten und Zubereitung:

ca.

1 kg Schneckensaumagen (den kann man selbst machen: Grundlage ist das Saumagenrezept von Klaus Hambel (Seite 42): Man fügt dem dort genannten Zutaten 500 g küchenfertige Schnecken bei (aus der Dose), würzt zusätzlich mit frischem Knoblauch und Petersilie und gart wie beschrieben.

Dieser Saumagen ist wesentlich schwerer als das erforderliche Kilo. Also am besten den einen Teil des Schneckensaumagens frisch aus dem Sud essen, den anderen Teil für das Rezept verwenden.

150 g gemischte Wildkräuter

150 ml Kalbsjus

50 g Butterschmalz

1. Saumagen in Scheiben schneiden,

2. die Kante in gehackten Wildkräutern wenden und

3. in Butterschmalz anbraten.

Aprikosen-Rahmkraut

Zutaten und Zubereitung:

250 g frische Aprikose

100 g Aprikosenmark

80 g brauner Zucker

200 ml Sahne

200 ml Traminer

500 g Sauerkraut (vorgekocht)

Salz, Pfeffer, Chilipulver

1. Aprikosen schälen und vierteln,

2. braunen Zucker in der Pfanne karamellisieren, mit etwas Traminer ablöschen.

3. Aprikosenmark und Sahne dazu, mit Salz, Pfeffer und Chilipulver abschmecken,

4. reduzieren,

5. die Aprikosenviertel dazugeben.

6. Das vorgekochte Sauerkraut unterheben.

Kartoffel-Feige

Zutaten:

1 kg   mehlige Kartoffeln

ca.
200 ml   Milch

ca.
100 ml   Sahne

80 g   Butter

Salz, Pfeffer, Muskat

12   Feigen

Zubereitung:

1. Von der Feige den Deckel entfernen und sie aushüllen.

2. Püree: Kartoffeln kochen und durch die Presse drücken.

3. Das Kartoffelmousse mit Muskat, Salz und Pfeffer würzen,

4. heiße Milch, Sahne und Butter dazugeben, mit dem Schneebesen glattrühren.

5. Die Feige kurz anpochieren, mit Püree füllen, den Feigendeckel wieder aufsetzen.

Die Weinempfehlung dazu:
Deidesheimer Kieselberg Riesling Kabinett trocken
aus dem Weingut Biffar in Deidesheim.

Deidesheimer Hof
Am Marktplatz – 67146 Deidesheim
Telefon: (0 63 26) 9 68 70 – Fax: (0 63 26) 76 85

Email: info@deidesheimerhof.de – www.deidesheimerhof.de

„Erst krieg' ich ihn klein, dann lass ich ihn hochgehen!"

Darf man das mit einem Saumagen

machen? Noch dazu, wenn man Saarländer ist? Auch hier gilt wieder: Wer kann, der darf! Und dass Jörg Glauben kann, steht außer Frage: der Küchenchef des Gourmetrestaurants „Tschifflik" im Landschloß Fasanerie in Zweibrücken gehört zu den Sterne-Köchen der Pfalz und ist laut Aral-Schlemmeratlas sogar „Aufsteiger des Jahres 2004". Glauben, der aus dem pfalz-nahen Homburg

kommt, räumt ein, daß ihm der Saumagen nicht heilig ist. Er hat seinen Spaß daran, ihn zu zerstören, um ihn dann wie Phönix aus der Asche wieder aufleben zu lassen. Das muß man mal probiert haben. Am besten am Orginalschau-platz in der Fasanerie, die wunderschön umgeben von Wald und Park am Stadtrand von Zweibrücken liegt und Zufluchtsstätte des Polenkönigs Stanislaus Lescynski war

(„Tschifflik", der Restaurantname bedeutet Landschloss). Oder aber man kocht es nach, das

Saumagen-Soufflé mit gebratener Gänseleber

...begleitet von Spitzkohl, Pfifferlingen und Aprikosenchutney. Die Rezeptur ist berechnet als Hauptgericht für 4 Personen.

Zutaten:

150 g Saumagen, in Würfel geschnitten und gekuttert – also beispielsweise in der Küchenmaschine zerkleinert

2 Eigelb

2 Eiweiß, zu Schnee geschlagen

1 El feine Brösel

2 getrocknete Aprikosen, in feine Würfel geschnitten

2 El Lauchwürfelchen, blanchiert

1 Msp Rosmarin, fein gehackt, Salz, Pfeffer.

4 Scheiben Gänsestopfleber

4 Scheiben Bayonneschinken (oder Parmaschinken), knusprig gebraten

4 El Spitzkohl (oder Wirsing) in feinen Streifen, in Butter geschwenkt und mit Ingwer und Pinienkernen gewürzt

4 El Pfifferlinge, in Butter geschwenkt

4 El Aprikosenchutney (aus getrockneten Aprikosen, Zucker, Weißwein, Zimt, Anis, Pfeffer, Senfpulver und weißem Balsamicoessig gekocht)

4 El Portweinsoße aus Kalbsjus und reduziertem Portwein, mit Butter montiert,

Zubereitung:

1. Saumagen-Masse mit Eigelb, Bröseln, Rosmarin, Aprikosen und Lauch gut verrühren. Eischnee unterheben und würzen.

2. In 4 ausgebutterte und mit Bröseln ausgestreute Timbale- oder Auflaufförmchen füllen und im Wasser bei 180 Grad (im Backofen) ca. 15 Minuten garen.

3. Gänseleber in einer beschichteten Pfanne von beiden Seiten rosa braten.

4. Auf die Teller je zwei Häufchen Spitzkohl setzen, auf einen das aus der Form gestürzte Soufflé und auf das andere die Gänseleber setzen. Den Knusperschinken in das Soufflé stecken.

5. Mit den Pfifferlingen und einer Nocke Aprikosenchutney garnieren und mit der Portweinsoße umgeben. Voilà!

Wer sich vor Soufflés fürchtet, weil die so fragil und einsturzgefährdet sind, den beruhigt Glauben: Durch die kompakte Grundmasse (eben den Saumagen!!!) kann da nichts schief gehen!

Die Weinempfehlung dazu:
2001er Deidesheimer Leinhöhle Riesling Kabinett halb-
trocken vom Weingut Reichsrat von Buhl.

Restaurant „Tschifflik" im Landschloss Fasanerie
Fasanerie 1 – 66482 Zweibrücken
Telefon: (0 63 32) 973-0 – Fax: (0 63 32) 973-111
Email: fasanerie@romantikhotels.com – www.landschloss-fasanerie.de

Dienstag bis Samstag: Von 12 bis 15 und von 19 bis 22 Uhr. Sonntag und Montag Ruhetag.

„So schmeckt der Sommer-Saumagen!" Im „Freinsheimer Hof", einem denkmalgeschützten

spätbarocken Winzerhof mitten in der Altstadt von Freinsheim, grünt und blüht es im Innenhof den Sommer über, dass es die reinste Freude ist. Es wäre doch zu schade, ausgerechnet dann auf das Lieblingsgericht der Pfälzer verzichten zu müssen, meint Holger Jacobs (Foto rechts). Er ist inzwischen Wahl-Pfälzer, bringt viel Erfahrung aus der Sternen-Küche mit: War er doch Küchen-

direktor und Leiter der Kochschule meines lieben Meisters und Kollegen Johann Lafer. Im eigenen Haus verwirklicht er mit seinem Team eine fantasievolle Küche, geprägt von den guten Produkten, die die Pfalz hervorbringt! Die kauft er direkt beim Erzeuger

oder in Mannem (Mannheim) auf dem Wochenmarkt. Also lassen wir ihn uns schmecken, den

Sommer-Saumagen vom Freinsheimer Hof

...mit Schweinefilet, dazu frisches Gartengemüse und Kartoffel-Erbsenpüree.

Zutaten:

420 g pariertes Schweinefilet

280 g feines Brät aus der Schweineschulter

70 g fetter Speck in Streifen

280 g gewürfelte Kartoffeln (Sorte Quarta)

50 g gewürfelte Karotten

50 g kleine Brokkoliröschen

1/2 Bund frischer Thüringer Majoran

Gewürze:
weißer Pfeffer aus der Mühle
Muskat, frisch gerieben
gemahlene Nelken
Korianderkörner
Salz

Wir servieren den Schweinefilet –Saumagen mit in Butter geschwenkten Peterlewurzeln und jungen Erbsenschoten, sowie einem Kartoffel-Erbsenpüree auf reduziertem Dunkelfelder-Jus.

Zubereitung:

1. *Das Schweinefilet in ca. 2 cm große Würfel schneiden. Mit dem Brät (vom Metzger) und durch die feine Scheibe des Fleischwolfs gelassenen Speckstreifen in eine Schüssel geben. Die Kartoffel- und Karottenwürfel in Salzwasser bissfest kochen.*

2. *Im selben Wasser die Brokkoliröschen blanchieren und in Eiswasser kalt abschrecken.*

3. *Zum Fleisch die Kartoffel- und Karottenwürfel dazugeben und mit Majoran, weißem Pfeffer, frisch geriebenem Muskat, gemahlenen Nelken, Korianderkörnern und Salz würzig abschmecken.*

4. *Die Brokkoliröschen vorsichtig in die Masse einarbeiten und in einen Kunstdarm (5 cm Durchmesser) füllen – den gibt's beim Metzger. Den Darm mit Metzgerkordel verschließen. 60 Minuten in 72 Grad heißem Wasser garen. Nach dem Garen den Saumagen in kaltem Wasser abschrecken und am besten 4 bis 6 Stunden im Kühlschrank auskühlen lassen.*

5. *Dann den Saumagen aus dem Darm herauslösen und in Scheiben schneiden. Die Scheiben in heißem Öl von beiden Seiten knusprig anbraten.*

Die Weinempfehlung dazu:
Freinsheimer Goldberg Riesling trocken vom Weingut
Langenwalter-Gangnitz.

Freinsheimer Hof
Breite Straße 7 – 67251 Freinsheim
Telefon: (0 63 53) 5 08 04 10 – Fax: (0 63 53) 5 08 04 15
Email: freinsheimer.hof@t-online.de – www.restaurant-freinsheimer-hof.de

Mittwoch und Donnerstag Ruhetag. Montag, Dienstag, Freitag und Samstag von 17 – 24 Uhr,
Sonntag und an Feiertagen von 11.30 bis 15 Uhr und von 18 bis 24 Uhr.

„Antonia war die Beste!"

Sie hat die Saumagen-Maß-

stäbe gesetzt für Gregor Ruppenthal,

Küchen- und auch sonstiger Chef des „Marly" im Ludwigshafener Stadtteil Hemshof. Der junge Koch, der Erfahrungen aus dem Drei-Sterne-Haus „Lucas Carton" in Paris, dem „Al Portone" in Lugano und dem „Deidesheimer Hof" mitbringt, steht nun in der Küche seines eigenen Restaurants am Herd. Ihn unterstützen zwei blutjunge Hemshöfer aus Sizilien: Angelo, ausgelernt mit tollem Prüfungsergebnis, und Roberto, noch in der Lehre.

Und wer ist nun Antonia? Sie war die Ur-Oma von Gregor Ruppenthal, hat in einem kleinen Hotel am Glan das Kochen gelernt, dann einen Metzger geheiratet, lebte in Homburg im Saarland. Gregor war acht, als Antonia starb, aber er schwärmt heute noch von ihren Markklößchen, den Krautwickeln und eben dem Saumagen.

Das urgroßmütterliche Originalrezept hat er ein wenig verfeinert. Das besondere daran: Die Zutaten werden alle vor dem Garen angebraten! Ich denke, Antonia Ruppenthal kann hochzufrieden darüber sein, wie ihr Saumagen die Generationen überdauert. Er steht im „Marly" nicht auf der Karte – das angenehme, fast ein wenig „coole" Lokal am Rand des Hemshof bietet

eine moderne, italienisch inspirierte

Küche. Doch wer früh genug

Bescheid sagt, bekommt den

Saumagen nach Art von Uroma Toni

Zutaten:

1 gereinigter Saumagen, über Nacht in Salzwasser eingelegt

750 g rohe Kartoffelwürfel (1 cm groß)

750 g Schweinenacken, würfelig geschnitten (auch 1 cm)

250 g Bratwurstfüllsel

25 g Dörrfleisch, gewürfelt

2 Zwiebeln, gewürfelt

3 Eier

Gewürze:
Majoran und Peterle, beides frisch und gehackt
Salz,
Pfeffer aus der Mühle,
gemahlenen Koriander,
gemahlenen Ingwer

Schweineschmalz zum Braten

Zubereitung:

1. Kartoffelwürfel, Schweinenacken, Dörrfleisch und Zwiebeln separat anbraten. Alles noch warm mit den Eiern und dem Bratwurstfüllsel mischen. Kräuter, Salz und Gewürze dazugeben – abschmecken.

2. Die zwei kleineren Öffnungen des Magens mit einem Bindfaden verschließen, durch die dritte Öffnung (die größte) den Magen füllen, diese dann auch schließen.

3. Den Magen 3 Std. bei 70 Grad in Fleischbrühe sieden lassen (das ist Luxus, gibt aber dem Magen, den man ja mitessen kann, mehr Geschmack).

4. Danach den Saumagen 1 Std. bei 180 Grad im Backofen braten, zwischendurch mit flüssigem Schweineschmalz bestreichen.

5. Dazu blanchierter Zwiebellauch – gratiniert mit grobem Senfsabayon – dafür 3 Eigelb mit 100 ml Weißwein, weißem Pfeffer und Salz aufschlagen, 50 g weiche Butter dazu und 3 EL groben Dijon-Senf.

Saumagen aufschneiden, mit etwas Saumagen-Jus und dem in Senfsabayon gratinierten Zwiebellauch anrichten.

Die Weinempfehlung dazu:
2002er Haardter Bürgergarten Riesling Spätlese trocken
aus dem Weingut Müller-Catoir.

Marly Restaurant
Welserstraße 25 – 67063 Ludwigshafen
Telefon: (06 21) 5 20 78 00 – Fax: (06 21) 5 20 78 01
Email: info@restaurant-marly.de – www.restaurant-marly.de

Geschlossen: Montag- und Samstagmittag, Sonn- und Feiertage.

Man darf es eigentlich gar nicht laut sagen, geschweige denn schreiben, wie lange ich die

Pfälzer Köchin Petra Roth-Püngeler schon kenne: seit 1984! Sie war ein junges Mädchen und hatte gerade als Kochlehrling einen Preis gewonnen (drei Jahre später wurde sie sogar Weltmeisterin der Jungköche); ich war eine noch ziemlich junge Frau und interviewte Petra für SWF3. Damals hat sie davon geträumt, irgendwann im elterlichen Gasthaus Schneider in Dernbach, einmal einen

gediegenen Landgasthof einrichten zu können, all das zu kochen, was es damals dort noch nicht gab. Der Traum ist wahr geworden, mit ihrem Mann Werner Püngeler führt Petra das Haus auf ihre Art. Ihr Prinzip lautet:

„Das Handfeste mit dem Feinen vereinen!"

So findet man auf der Karte neben Entenbrust, Seeteufel, Gänseleber, immer auch Saumagen. Er ist selbst gemacht – und wie bei Bolds in Rodalben auch Sache des Seniors Kurt Roth. Fürs Saumagen-Kochbuch steuert die Köchin eine herbstliche Variante bei:

von Keschte (Kastanien) begleitet, auf Rahmspitzkohl und Kartoffeln-Sellerie-Püree gebettet:

Der goldgelbe Saumagen,
der aus dem Rauch kommt.

| **Zutaten:** | **Zubereitung:** |

Saumagen

1	Magen, beim Metzger besorgen, in lauwarmem Wasser gewässert.
1 kg	1 kg Schweineschulter und Nacken gewürfelt
500 g	500 g Kasseler gewürfelt
1-1,5kg	nicht zu weich blanchierte Kartoffeln gewürfelt
1,5 kg	Schweinemett oder Bratwurstbrät (nicht fett!)
je ca. 150 g	Lauch, Sellerie, Karotten fein gewürfelt
2	Zwiebeln gewürfelt
ca. 3 El	Salz

1. Aus je ½ Teelöffel Pfeffer, gerebeltem Majoran, gemahlenem Koriander, Thymian, Nelkenpulver, gemahlenem Kardamom und Knoblauchpaste eine Mischung herstellen.

2. Alle Zutaten gründlich vermengen, Gewürze dazu, abschmecken.

3. In die große Öffnung des Saumagens füllen, gut abbinden, bei milder Hitze in reichlich Salzwasser ca. 3 Stunden garziehen lassen.

4. Nach dem Abkühlen im Räucherofen über Nacht kalt räuchern oder ihn beim Metzger räuchern lassen.

Rahmspitzkohl

2 kg	Spitzkohl (oder Wirsing) blanchiert und in Streifen oder Rauten geschnitten
1/4 l	Sahne
1 El	Butter
1	gewürfelte Zwiebel

1. Zwiebeln in Butter glasig dünsten,

2. den Spitzkohl oder Wirsing dazugeben,

3. etwas Fleischbrühe und Sahne zugießen,

4. mit Salz, Pfeffer, einer Prise Zucker und Muskat würzen und sämig köcheln. Evtl. etwas Mehlbutter zufügen.

Kartoffel-Sellerie-Püree

10 mittelgroße Kartoffeln, grob gewürfelt.

Eine große oder zwei kleine Sellerieknollen, gewürfelt.

1. Die Kartoffel- und die Selleriewürfel in etwas Butter andünsten,

2. ca. ¼ l Sahne und etwas Brühe zufügen, mit Salz, Pfeffer, Muskat, Zitronensaft und einer Prise Zucker würzen und weich kochen.

3. Danach die Kartoffeln und Sellerie auf einem Sieb abschütten (Flüssigkeit auffangen), durch die Kartoffelpresse drücken,

4. mit dem Schneebesen (kein Mixstab, „sunscht pappt's") zu einem glatten Püree verarbeiten, dabei etwas von der aufgefangenen Kochflüssigkeit zufügen.

„Keschde":
Gegarte Kastanien (frische oder kochfertige) in Butter und Zucker glacieren.

Vor dem Anrichten den geräucherten Saumagen in Butterschmalz goldgelb braten. Entweder ganz auf der Platte oder scheibchenweise auf dem Teller anrichten – auf dem Spitzkohl, das Püree daneben, mit den Keschte garnieren. Petra Roth-Püngeler reicht im Restaurant noch eine kräftige Rotweinsoße zu diesem Gericht.

Die Weinempfehlung von Werner Püngeler:
Ein 1999er Weißburgunder Kabinett aus dem Weingut Münzberg in Godramstein.

Restaurant „Gasthaus Schneider"
Hauptstraße 88 – 76857 Dernbach
Telefon: (0 63 45) 83 48 oder 9 54 40 – Fax: (0 63 45) 95 44 44
Email: wpuengeler@t-online.de – www.Schneider-Dernbachtal.de

Geöffnet von 11.30 bis 14 Uhr und von 17.30 bis 21.30 Uhr.
Ruhetage Montag und Dienstag, im September und Oktober nur Montag geschlossen.

„Wir mögens wild – schließlich sind wir im Wald zu Haus!"

Und weil das so ist, bietet Günther

Wilhelm im Waldhaus Wilhelm seinen Gästen immer mal wieder einen Wildsau-Saumagen an. Schließlich sitzt er genau an der Quelle. Das Waldhaus liegt im Pfälzerwald, auf halber Höhe zur Kalmit. Und die Jäger zwischen Maikammer und Pirmasens versorgen die Küchencrew regelmäßig mit frischem Wild. Auch Pilze und natürlich

Keschte nutzt Günther Wilhelm gern für die ehrliche, frische Küche im Waldhaus-Stil. Den Wildsau-Saumagen bietet er an als Mini-Portion zum Probieren und als Tellergericht. Und wem der Saumagen „wild" nicht so mundet: auch ein „normaler" Saumagen steht auf der Karte, der kommt vom Metzger Kieffer in Bad Bergzabern! Beim Wildsau-Saumagen gibt's übrigens eine Schwierigkeit: Es ist jagdliche Tradition, dass die Eingeweide, also auch der Magen, nach dem Ausbrechen im Wald vergraben werden. Man hat also das Fleisch der Wildsau, aber nicht den

original Magen. Deswegen verwendet man im Waldhaus Wilhelm Hausschwein-Därme, für den

Wildsau-Saumagen aus dem Pfälzerwald

Zutaten:

1,2 kg Wildschweinfleisch aus Keule und Bauch

250 g Zwiebeln

80 g Dörrfleisch

250 g Pfifferlinge

350 g Kastanien

350 g Kartoffeln

150 g Preiselbeeren

2 altbackene Brötchen

3 Eier

250 g Sahne

20 g Petersilie

Gewürze:
Thymian,
Salz,
Pfeffer,
Muskat.

Zubereitung:

1. 1/3 vom Wildschweinfleisch, die Zwiebel und das Dörrfleisch in ca. 5 mm dicke Würfel schneiden, mit den Pfifferlingen anbraten und würzen.

2. 1/3 vom Wildschweinfleisch mit den eingeweichten und ausgedrückten Brötchen durch die mittlere Scheibe des Fleischwolfs drehen.

3. 1/3 vom Wildschweinfleisch mit der Sahne zu einem feinen Brät verarbeiten (Kutter oder Moulinette).

4. In Würfel geschnittene Kartoffel und Kastanien blanchieren.

5. Alle Zutaten, außer den Preiselbeeren, in eine Schüssel geben und gut vermengen.

6. Eingekochte Preiselbeeren abtropfen lassen und vorsichtig unter die Masse geben.

7. Die Masse, falls vorhanden, in einen Magen (es darf auch einer vom Hausschwein sein) oder in Därme füllen.

8. Bei 80 Grad in leicht gesalzenem Wasser garziehen lassen, pro Kilo etwa 1,5 Stunden.

Dazu reicht man im Waldhaus Wilhelm Essigrotkraut, Kastaniengemüse und Kartoffelbällchen.

Die Rezeptur ist berechnet für 6 Personen.

Die Weinempfehlung dazu:
Ein fruchtiger gehaltvoller Rotwein aus der Pfalz,
beispielsweise ein Maikammerer Sankt Laurent trocken.

Waldhaus Wilhelm
Kalmithöhenstraße 6 – 67487 Maikammer
Telefon: (0 63 21) 5 80 44 – Fax: (0 63 21) 5 85 64
Email: info@waldhaus-wilhelm.de – www.waldhaus-wilhelm.de

Geöffnet von 12 bis 14 und von 18 bis 21 Uhr. Ruhetag Montag.

Der Lieblingssaumagen der Pfälzer Auslese ist eine Saumagen-Bratwurst. Norbert Kohnke,

Mitbegründer dieser Vereinigung von Pfälzer Spitzenköchen, hat seinen Saumagen beigesteuert, als die Ausles' zum ersten mal öffentlich auftrat – das war auf dem Hambacher Schloss und ist ein Weilchen her. Die Saumagen-Bratwurst gibt's immer noch (und wer das Rezept nachkocht, kann mit der Masse natürlich auch einen kleinen Saumagen füllen), sie ist beliebter Bestandteil

des Pfälzer Menüs, das den Gästen im Weinkastell angeboten wird – als bodenständige Alternative zu den feinen Sachen der Feinschmeckerküche. Für die gehobene Küche wie die bodenständige gilt: „Es kommt halt drauf an, dass man's gut macht!" Er macht es gut, und wenn's sein muss, auch in ganz großen Portionen: Bei der Kallstadter Saumagen-kerwe wurden im Hof des Wein-

kastells 100 Kilo Saumagenwurst, verkauft, eine so gut wie die andere. Freuen wir uns auf die

Original Kallstadter Saumagenwürste

begleitet von einem sahnigen Sauerkraut und einer Extra-portion Kallstadter Saumagen – im Glas.
Hier das Rezept – bemessen für 4 Personen.

Zutaten:

200 g mageres Schweinefleisch

200 g Schweinebauch

200 g Schweinefleisch in kleine Würfel geschnitten

200 g Kartoffeln in kleine Würfel geschnitten, blanchiert

2 ganze Eier

1 Bratwurstdarm vom Metzger

Gewürze:
Salz, Pfeffer, Muskat, Majoran

Zubereitung:

1. Das magere Schweinefleisch und den Schweinebauch durch die feine Scheibe des Fleischwolfs drehen und nach Geschmack würzen.

2. Die Fleisch- und Kartoffelwürfel und die Eier dazugeben und sehr gut vermischen.

3. Die Masse in den Darm füllen und zu etwa 5 cm langen Würstchen abbinden.

4. In Salzwasser bei max. 80 Grad 10 Minuten blanchieren.

5. Vor dem Servieren die Würste in der Pfanne anbraten und zu Rahmsauerkraut reichen.

(Das bereitet Norbert Kohnke so zu: 500 g Sauerkraut werden mit Zwiebelwürfelchen in Butter angeschwitzt, Wein und Würze dazugegeben: 1 Lorbeerblatt, einige Wacholderbeeren, Salz und Zucker. Wenn das Kraut weich ist, Flüssigkeit abtropfen lassen, 1 El Crème fraîche dazugeben und 1/8 l reduzierte süße Sahne. Mit Salz und Zucker abschmecken.

Der Wein dazu kommt vom Weingut des Schwagers: Ein Kallstadter Saumagen Riesling Spätlese trocken von Bernd Philippi aus dem benachbarten Weingut Koehler-Ruprecht.

Weinkastell „Zum Weißen Roß"
Weinstraße 80-82 – 67169 Kallstadt
Telefon: (0 63 22) 50 33 – Fax: (0 63 22) 6 60 91

Geöffnet von 12 bis 14 Uhr und ab 18 Uhr, Ruhetage Montag und Dienstag.

...und sogar ein Dessert!

„Oh je! Saumagen! Muss das sein?" Dieter Luther vom Gourmetrestaurant Luther in Freins-

heim sagt das schmunzelnd-verzweifelt: Schließlich habe man doch die „Pfälzer Auslese" (Zusammenschluss von Spitzenköchen der Pfalz) gegründet, um wegzukommen vom Saumagen- und Schoppenimage. Aber der Saumagen holt ihn ein – nicht zuletzt in der eigenen Familie: Viola, die Jüngste, die Saumagen-Spezialistin der Familie, isst ihn für ihr Leben gern. Und der Vater? „Ja, ich ess' ihn

auch" gibt er zu. Wo am liebsten? „Bei Norbert Kohnke in Kallstadt im Weincastell. Da schmeckt er mir am besten! Aber selbst anbieten? Nein!" Wir wollen Dieter Luther zugute halten, dass er gebürtiger Badener ist. Nicht die Liebe zur Pfalz, sondern die Liebe zu Gisela, einer Gastwirtstochter aus Münchweiler an der Rodalb, führte ihn hierher, erst in die Südwestpfalz, dann nach Freins-heim, wo er mit seiner Frau Gisela in einem der schönsten Häuser der Freinsheimer Altstadt sein Gourmetrestaurant samt Hotel führt. Seit zwei Jahrzehnten kocht Luther auf hohem Niveau, er blieb dabei, sagt der Restaurantkritiker meines Vertrauens, „immer ein Avantgardist, einer, der uns überrascht, uns manchmal auch provoziert!" Und so kommt's, dass Luther doch mitmacht im Saumagen-Buch, mit einer Art Mogelpackung, ausgetüftelt von Jean

Aiguier, dem pfälzisch-französischen Sous-Chef Luthers. Sieht aus wie Saumagen, ist aber ein

Saumagen-Parfait in Marzipan

Dazu ein karamellisierter Apfel-Maronen-Salat und
Muskateller Sabayon. Berechnet für 6 Personen.

Süßer Saumagen

Zutaten:

125 g   Zucker

50 ml   Wasser

6   Eigelb

250 g   Schlagsahne

20 ml   Grand Marnier (Orangenlikör)

30 g   karamellisierte und gehackte Haselnusskerne

30 g   karamellisierte und gehackte Mandeln

20 g   gehackte Pistazienkerne

30 g   eingeweichte Korinthen

20 g   fein gehackte kandierte Zitronenschale

20 g   fein gehackte kandierte Orangenschale

1   Packung fertiges Marzipan

Zum Binden:
ausgekratzte Vanilleschote

Zubereitung:

1. Zucker und Wasser bis 118 Grad kochen (mit dem Zuckerthermometer messen!) und behutsam in die Eigelbe einrühren, schaumig schlagen (so macht's der Profi! Man darf aber auch rohes Eigelb und Zucker auf dem Wasserbad aufschlagen und wie beschrieben weiter; dann aber das Parfait auch gleich aufessen!).

2. Geschlagene Sahne unterheben, mit dem Likör und evtl. einer Spur Zimt abschmecken.

3. Die restlichen Zutaten vorsichtig einarbeiten und die Masse portionsweise in Folie einschlagen, in Form eines Saumagens! Tiefgefrieren.

4. Marzipan sehr dünn ausrollen und das jeweilige Parfait so einschlagen, dass es den Anschein eines Saumagens erhält!.

5. Die Enden mit der ausgekratzten Vanilleschote abbinden.

Einen schönen optischen Effekt erhält man, wenn man das Marzipan mit einem Bunsenbrenner abflämmt. Dann sieht der „Saumagen" aus wie frisch aus dem Backofen!

Dazu den karamellisierten...

…Apfel-Maronen-Salat

1. Kastanienwürfel in einer Pfanne mit Butter und Zucker karamellisieren, mit etwas Zitronensaft und Weißwein ablöschen.

2. Zwei Äpfel, vorzugsweise Jonagold, schälen und grob raspeln, die Apfelraspeln vorsichtig mit den Kastanien mischen.

3. Abschmecken – je nach Vorliebe mit etwas mehr Zucker, mit Zitrone, vielleicht auch einem kleinen Schuss Kastanienlikör.

Muskateller-Sabayon

1. Pro Eigelb rechnet Jean Aiguier vier Esslöffel Muskateller Auslese und einen guten Esslöffel Zucker.

2. Das Sabayon auf dem Wasserbad schaumig und steif schlagen und alsbald servieren – zum „Saumagen" und dem „Salat" reichen.

Die Menge reicht für eine kleine Portion Sabayon pro Gast – wer mehr will: die Angaben verdoppeln.

Die Weinempfehlung dazu:
Ein 96er Eiswein der Rebsorte Gelber Orléans aus dem Weingut Knipser in Laumersheim.

Hotel & Restaurant Luther
Hauptstraße 29 – 67252 Freinsheim
Telefon: (0 63 53) 20 21 – Fax: (0 63 53) 83 88
www.luther-freinsheim.de

Geöffnet täglich ab 18 Uhr, Sonntag Ruhetag.

Judiths Saumagen-Epilog…

Nach der Meldung einer Nachrichtenagentur ist der pfälzische Saumagen in Deutschland unter den landes-typischen Spezialitäten am wenigsten gefragt. Er landete bei einer Umfrage unter 1000 Deutschen mit 13 Prozent auf dem letzten Platz von 16 Gerichten, schreibt der „Playboy" (der auch das Umfrageergebnis veröffentlichte, der Pfälzer Dialekt sei am wenigsten sexy).

Was jetzt? Jetzt erst recht: Druff un dewedder, es lebe der Sauma-gen zum Wohle der Pfalz!